dtv

dtv
portrait

Herausgegeben von Martin Sulzer-Reichel

Enno Patalas, Kritiker und Kurator, geboren 1929,
gründete 1957 und redigierte bis 1970 die Zeitschrift
›Filmkritik‹, schrieb in den sechziger Jahren außerdem vor
allem für die ›Zeit‹ und die ›Süddeutsche Zeitung‹ und 1962
zusammen mit Ulrich Gregor eine ›Geschichte des Films‹,
übersetzte mit Frieda Grafe Bücher u. a. von Godard, Rohmer
und Truffaut, leitete von 1963 bis 1994 das Münchner Film-
museum und machte Fernsehsendungen, u. a. über Lubitsch,
Murnau und Sternberg, sowie ›Stalin, eine Mosfilmproduktion‹.

Alfred Hitchcock

von Enno Patalas

Deutscher Taschenbuch Verlag

Weitere in der Reihe dtv portrait erschienene Titel
am Ende des Bandes

Dem Publikum
des Münchner Filmmuseums

Originalausgabe
August 1999
© Deutscher Taschenbuch Verlag GmbH & Co. KG, München
Umschlagkonzept: Balk & Brumshagen
Umschlagbild: Alfred Hitchcock.
Courtesy of Jerry Ohlinger's Movie Material Store
Layout: Matias Möller, Agents – Producers – Editors, Overath
Satz: Matias Möller, Agents – Producers – Editors, Overath
Druck und Bindung: APPL, Wemding
Gedruckt auf säurefreiem, chlorfrei gebleichtem Papier
Printed in Germany   ISBN 3–423–31020–0

Inhalt

In suspenso	7
Ein Cockney und katholisch (1899–1919)	11
Kinolektionen (1920–1927)	20
Vom Kontraktregisseur … (1927–1933)	34
… zum »Master of Suspense« (1933–1939)	51
In Hollywood an langer Leine (1939–1947)	68
Frei auf Bewährung (1947–1953)	89
Film für Film (1953–1960)	104
Star ist der Autor (1960–1980)	131
Zeittafel	152
Literaturhinweise	155
Bildnachweis	157
Register	158

1 Alfred Hitchcock. Portrait mit Vögeln, 1963

In suspenso

Wie das war, wenn Alfred Hitchcock eine Geschichte erzählte, eine Anekdote oder einen Witz. Er liebte es, Geschichten zu erzählen, angeblich erlebte ebenso wie erkennbar erfundene. »… Sie so zu erzählen, daß die Pointe nicht verlorengeht, auch so, daß sie nicht zu früh gebracht wird …, die Zuhörer in suspenso zu halten, mich mit kleinen Bewegungen episodischer Art zu vergewissern, welchen Ausgang sie sich wünschen …, sie im Verlauf der Erzählung zu narren, so daß die Zuhörer plötzlich merken, daß es auch anders verstanden werden kann …« Kierkegaards *Verführer*: »Dafür glaube ich der rechte Mann zu sein«, »das ist meine Lust«, »das ist meine Kunst«.

David Freeman, der mit ihm an seinem letzten Drehbuch arbeitete, hat es beschrieben, wie Hitchcock sein Garn abspulte, mit künstlichen Pausen und falschen Pointen. Unversehens, wenn man schon meinte, das wär's gewesen, fuhr er fort. Dabei sah er aus, als blickte er zugleich den Zuhörer an und in sich hinein. »Es war wie ein Duell.«

Wie im Kino, bei ›Vertigo‹ oder ›Psycho‹. Er erscheint in der Filmgeschichte, schreibt Deleuze (›Das Bewegungs-Bild,

---

Hitchcock, gesprächsweise
Ich muß Ihnen gestehen, die Liebe zum Kino ist mir wichtiger als jede Moral.
Kunst kommt für mich vor Demokratie.
Ich erlaube der Wahrscheinlichkeit nicht, ihr schmutziges Haupt zu erheben.
Für mich ist Kino nicht ein Stück Leben, sondern ein Stück Kuchen.
Ich fand immer, man soll auf der Leinwand ein Minimum tun, um ein Maximum an Publikumswirkung zu erzielen. Ich finde, das Publikum soll mitarbeiten.

Der Konflikt ist die Grundlage jeder Dramatik. Deshalb ist Komik so wichtig. Komik läßt die Würde verschwinden, läßt das Normale verschwinden, sie ist das Anormale.
Nichts in der Welt ist so langweilig wie Logik. Da halte ich es mit den Mormonen. Kennen Sie die Mormonen? Wenn Kinder ihnen schwierige Fragen stellen, sagen sie: »Verschwinde.«
Für mich ist alles rund – eine Frage des Temperaments. Mein Temperament ist rund. Ich bin O. Andere sind I.

Kino 1‹), als der Autor, der die Entstehung eines Films nicht mehr nur als Funktion zweier Glieder betrachtet, des Regisseurs und des Films, sondern in der Abhängigkeit von dreien, Regisseur, Film und Publikum. Dreiecksgeschichten. Die Triangel sei ein sehr zu Unrecht gering geschätztes Instrument, sagt ein Musiker in ›Young and Innocent‹. Was nun? fragt der Blick, direkt in die Kamera gerichtet, von Fred in ›Rich and Strange‹, von Robert in ›Young and Innocent‹, den Zuschauer. In der letzten Einstellung seines letzten Films, ›Family Plot‹, blinzelt das Medium Blanche ihm konspirativ zu.

Wie Dalí, den er in einem seiner Filme beschäftigte, wie Warhol, von dem er sich interviewen ließ, war Hitchcock ein geschäftstüchtiger Künstler. Seine Filme zielen auf den Markt. Immer rechnen sie mit dessen Spielregeln wie mit den Erwartungen der Konsumenten, ohne je sich ihnen zu unterwerfen. Klischees dienen ihm als Fertigteile, er baut sie ein, dreht und wendet sie und hofft, der Zuschauer oder Zuhörer werde an dem Spiel sein Vergnügen haben.

Wie für Hitchcock das Publikum ist für das Publikum Hitchcock immer präsent. Er ist das Gegenteil eines Autors, der sich hinter seinem Werk versteckt, darin aufzugehen vorgibt. Es gibt keinen anderen Filmregisseur, dessen körperliche Erscheinung uns so vertraut geworden ist.

2 Schattenspieler. Hitchcock und Cary Grant. Werbung für ›Notorious‹, 1946

Autorschaft mag auch buchstäblicher verstanden werden, wenn etwa Filme als »autobiographisch« ausgegeben werden, wenn ein Film vom Prozeß der Filmherstellung handelt oder wenn der Regisseur zu einer Figur in seinem eigenen Film oder dem eines anderen wird. Die historische Bedeutung von Alfred Hitchcocks kurzen Auftritten in seinen eigenen Filmen besteht darin, daß sie sich auf eine biographische Legende beziehen, die zugleich seine Filme bestimmt und von ihnen bestimmt wird. Das Genre, in dem Hitchcock zumeist gearbeitet hat, der Suspense-Film, unterstell-

Natürlich Chaplin, aber zuerst als »Charlie«, die von ihm erfundene Figur. Auch mit Orson Welles, mit Clint Eastwood verbinden wir immer Maske und Kostüm. Hitchcock allein wurde als Regisseur zum Star.

Er war, wie Griffith vor, Disney neben, Spielberg nach ihm, ein bekannter Name, dann erst beschloß er, sich der Kamera zu exponieren. Man darf annehmen, daß der Mann Hitchcock von seinem Äußeren nicht begeistert war. Er wäre sicher gern attraktiver gewesen für Ingrid Bergman, Grace Kelly, Tippi Hedren. Aber er nutzte, was andere als Mangel angesehen und eher verborgen hätten, zur Propagierung seiner Kunst; er »beutete seine Figur so wirksam aus wie irgendein Pin-up-Girl«, schreibt Freeman.

3 Gezeichnet: Alfred Hitchcock. Selbstportrait in acht Strichen

Zuerst durch die Kurzauftritte in seinen Filmen, die *cameo appearences*. Sie haben im Werk keines anderen Filmers ihresgleichen, sind Teil nicht der Erzählung, aber des Films, Signatur und Attraktion zugleich. In keiner anderen Kunst wäre das möglich. Der gefilmte Hitchcock steht mit einem Bein in der vom Film vorgespiegelten Realität und mit dem anderen in der realen des Kinozuschauers. Es sind winzige Illusionsbrecher, schreibt Maurice Yacowar, und sie verpassen dem Publikum einen *frisson,* nicht unähnlich dem, wenn er eine Dame eine Zigarette ausdrücken läßt in einem Becher Hautcreme (in ›Rebecca‹) oder in einem Spiegelei (›To Catch a Thief‹).

Untrennbar ist die Entwicklung seines Werks verbunden mit dem Aufbau seiner Reputation. Ein »Meister in der

te ihm in seiner biographischen Legende eine Neigung zum Makabren, während seine bizarren »Kameen« eine andere Seite seiner *persona* betonten – seinen Sinn für Humor. Hitchcocks biographische Legende war so stark, daß er seine »Autorschaft« selbst Texten mitteilen konnte, an deren Herstellung er gar nicht beteiligt war ...

Robert C. Allen und Douglas Gomery,
›Film History. Theory and Practice‹, 1985

Kunst, interviewt zu werden, ein nimmermüder Publizist seiner eigenen Filme« ist er genannt worden und »ein Meister der Anekdote nicht nur, sondern besonders der wiederholten Anekdote«. Die autorisierte Hitchcock-Biographie, die von John Russell Taylor, aber auch die ungezählten Interviewern eingeflüsterte orale Selbstdarstellung ist vor allem ein kleiner Schatz von Anekdoten. Vorneweg die, mit der auch Truffaut sein Hitchcock-Buch anfangen läßt: »Das einzige, was ich über Ihre Kindheit weiß, ist die Geschichte auf der Polizeiwache. Ist das eine wahre Geschichte?« »Ja«, antwortet der Gefragte, um sie noch einmal erzählen zu können. Gelegentlich gab er auch zu, daß er sie erfunden haben könnte, als Futter für die Journalisten, die sie immer wieder gern hörten.

Hitchcocks Erinnerungen erschienen als Ereignisse und Fiktionen zugleich, irgendwie bearbeitet, sagt Klaus Theweleit in einem Vortrag mit dem Titel ›Der kleine Hitchcock war oft erschreckt – Erschreckt er uns deshalb in seinen Filmen?‹, und so müsse man sich fragen, welche Funktion für das Werk Erlebnisse überhaupt hätten bei einer Person, die so offenkundig bemüht gewesen sei, eine Kunstfigur aus sich zu machen. Für den Historiker, schreibt der Formalist Tomaschewskij in seinem Werk über ›Literatur und Biographie‹, ist brauchbar »nicht des Autors *curriculum vitæ* oder des Rechercheurs Darstellung seines Lebens, sondern nur die vom Autor selbst geschaffene biographische Legende. Nur eine solche Legende ist literarisches Faktum.«

Filmisches Faktum ist der Vorspann seiner Fernsehsendungen, sind die Auftritte in seinen Trailern, sind die »Kameen«, sind schließlich auch seine Werke als Metamorphosierung seiner filmischen Vorgehensweisen.

In seiner Studie über Tintoretto erzählt Sartre über den Venezianer etwas, was die Kritiker Hitchcock immer zum Vorwurf gemacht haben. Sie waren von ihm gebannt, und zugleich verübelten sie ihm seine Liebe zum geschäftlichen Erfolg. Ähnlich wie er hat Tintoretto versucht, alle Konkurrenten auszuschalten, sobald er von einem Auftrag erfuhr. Um sich ein Geschäft schneller unter den Nagel reißen zu können, schickte er seine »Gehilfen« an die Arbeit, so daß er, wenn die anderen mit Skizzen ankamen, schon das Gemälde fertig hatte. Und er machte das Geschäft. Hitchcock machte es genauso.

Jean-Luc Godard, ›Zum Tod von Alfred Hitchcock‹, 1980

Ein Cockney und katholisch

Hitchcock erzählte gern, seine Vorfahren seien immer schon Gemüsehändler im Londoner East End gewesen und katholisch. »Meine Familie war katholisch, in England war das schon etwas Exzentrisches.«

In Wahrheit läßt sich der Stammbaum väterlicherseits nur bis zu seinem Urgroßvater Charles zurückverfolgen, einem Fischer in Stratford, West Ham, damals Grafschaft Essex. Dessen Sohn Joseph heiratete 1851 die Hausangestellte Ann Mahoney, Tochter eines irischen Tagelöhners. Die Trauung fand in der Gemeindekirche von West Ham statt, nach anglikanischem Ritus. Braut und Trauzeugen waren Analphabeten, nur der Bräutigam des Schreibens kundig. Auch er war Fischer. Er verkaufte seinen Fang selbst und handelte mit Gemüse und Geflügel. Das Paar hatte neun Kinder.

Sohn William übernahm das Geschäft und zog 1880 in das nahe gelegene Forrest Lane. Sechs Jahre später, mit 24, heiratete er die ein Jahr jüngere Emma Jane Whelan, auch sie Irin und katholisch. Ihr Vater, John Whelan, war Polizist. Jetzt erst, mit der Heirat von Alfreds Eltern, wurden die Hitchcocks katholisch.

1896, Sohn William war sechs, Tochter Nellie vier, eröffneten William und Emma Hitchcock ein neues Ladengeschäft in Leytonstone, High Road 517, mit einer Wohnung über dem Laden. Dort wurde am 13. August 1899, einem Sonntag, neun Jahre nach dem Bruder, sieben nach der Schwester, Alfred Joseph Hitchcock geboren. »In der Familie werden die Jüngsten immer zu sehr verwöhnt«, sagt in ›Shadow of a Doubt‹ Mrs. Newton

---

Ich war, was man ein braves Kind nennt. Bei Familientreffen saß ich in meiner Ecke und sagte nichts. Ich schaute mich um und beobachtete viel. So war ich immer und bin es auch heute noch. Ich war alles andere als mitteilsam. Ich war immer allein. Ich kann mich nicht erinnern, einen Spielgefährten gehabt zu haben. Ich amüsierte mich ganz allein und erfand mir meine eigenen Spiele.

Truffaut/Hitchcock

mit Blick auf Roger, ihren Jüngsten, der verhätschelt wird von zwei älteren Schwestern. Mrs. Newtons Vorname ist Emma.

Leytonstone gehörte 1899 noch nicht zu London, ein Dorf in Essex an der Straße von London zu dem Nordseehafen Harwich. Katholischer Glaube und irische Herkunft waren im späteren Londoner East End keine Seltenheit. 1907 übersiedelte die Familie nach Poplar, 1910 weiter nach Stepney.

Der jüngere Sohn Hitchcock half dem Vater im Laden und bei Lieferfahrten im Pferdewagen. Er las die Aufschriften auf den Kisten mit importiertem Obst und Gemüse und interessierte sich für die Wege, auf denen sie gekommen waren. London erkundete er per Pferde- und Straßenbahn. Mit zehn hatte er angeblich jede Strecke der neuen Autobuslinien der London General abgefahren. Auf der Weltkarte in seinem Kinderzimmer verfolgte er an Hand von ›Lloyd's Daily Register‹ die Routen von Schiffen und markierte ihre Position mit Fähnchen, und in ›Cook's Continental Timetable‹ studierte er den Fahrplan der Transsibirischen Eisenbahn. Als er mit 35 zum erstenmal nach New York kam, verblüffte er durch seine Ortskenntnis – er hatte den Stadtplan von Manhattan im Kopf.

Enge Räume und weite Reisen bestimmen die Topographie seiner Filme. In ›Rope‹ verläßt die Kamera nicht den Raum, ähnlich in ›Dial M for Murder‹ und ›Rear Window‹. Die Helden von ›Rich and Strange‹, ›The 39 Steps‹, ›Saboteur‹, ›North by Northwest‹, ›Torn Curtain‹ dagegen folgen Hitchcocks Finger auf der Landkarte durchs britische Empire, England und Schottland, die Vereinigten Staaten, hinein in die DDR und wieder heraus. Ausdrücklich artikuliert ›Rich and

4 Das brave Kind: Vater William mit Sohn Alfred vor seinem Gemüsegeschäft in Leytonstone, High Road 517, um 1906. Heute ist da eine Tankstelle.

Strange‹ die Spannung zwischen der Enge der britischen Insel und der Weite des Reiches.

David Freeman berichtet, wie Hitchcock ihm vom Derby Day in Epsom Downs erzählt hat. Für Leute ohne eigene Logen gab es keine Toiletten. Geschäftstüchtige Kinder gruben Löcher, spannten Zelte darüber und vermieteten sie. Zwölfjährige Mädchen boten die Gelegenheit an für einen Penny – mit einer Stimme, die von ganz weit her zu kommen schien, imitierte Hitchcock den Cockney-Singsang: »Accomodations, one penny … Accomodations, one penny …« Und dann die rauhere Stimme eines Jungen: »Piddle and a poop, one penny.« Pieseln und ein Pup, ein Penny.

Bald nach der Geburt seines Jüngsten begann William Hitchcock zu kränkeln. »Ihr Vater war wohl sehr streng?« »Er war ein leicht erregbarer Mann.« Die Gefängniszellen von ›Blackmail‹, ›The Paradine Case‹, ›The Wrong Man‹ finden sich vorgebildet in der Geschichte, wie sein Vater ihn auf einer Polizeiwache habe einsperren lassen. »So machen wir es mit bösen Buben«, habe der Konstabler gesagt. Das wünsche er sich als Grabinschrift, antwortete Hitchcock einem Interviewer.

William Hitchcock starb 1914, mit 52 Jahren. Widerstandsfähiger war seine Frau, sie überlebte ihn um 37 Jahre. Jeden Sonntag mußte ihr Jüngster mit ihr mehrere Kilometer laufen, weil sie unbedingt in ihrer früheren Gemeindekirche, St. Francis in Stratford, die Messe hören wollte. Sicher bestand sie auch auf einer katholischen Trauung des Sohnes, die die Konversion der Braut

5 Emma Jane Hitchcock mit Alfreds älteren Geschwistern, William und Ellen Kathleen, genannt Nellie, um 1905

voraussetzte. Die Mutter begleitete das junge Paar auf seinen Reisen, und angeblich war der Sohn oft mehr um sie als um seine Frau bemüht. Am Ende von ›To Catch a Thief‹ sagt die Braut zum Bräutigam: »So lebst du also. Na, Mutter wird es hier gefallen!« Fast ein tragischer Schluß, fand Hitchcock.

Dominierende Mütter gehören zum Ensemble erst seiner späten amerikanischen Filme. Vorher verkörpern vorzugsweise Väter die Autoritäten, die von rebellischen (Schwieger-)Söhnen in Frage gestellt werden. Emma Newton in ›Shadow of a Doubt‹, 1942, ist ein freundlich-ironisches Mutterportrait; sie schreit immer laut ins Telephon, als müsse sie so die Distanz überwinden. Im selben Jahr starb Emma Hitchcock.

Heim, Familie und eine starke Mutter, im Hollywoodkino noch der Kriegsjahre selten in Frage gestellte Werte, nehmen bei Hitchcock alptraumhafte Züge an, zuerst in ›Notorious‹, 1946. Der Vater von Ingrid Bergman ist ein Landesverräter; um sich zu rehabilitieren, muß sie sich mit einem Feindagenten einlassen, der seinerseits unterm Pantoffel seiner Mutter steht. François Truffaut, dessen eigenes problematisches Mutterverhältnis ›Les quatre cents coups‹ ebenso bezeugt wie de Baecque-Toubianas Biographie, schreibt der Mutter-Sohn-Beziehung im Hause Sebastian einen realen Hintergrund zu. »Claude Rains, wenn er mitten in der Nacht ängstlich das Schlafzimmer seiner Mutter betritt und ihr wie ein schuldbewußter kleiner Junge gesteht: ›Mama, ich habe eine amerikanische Spionin geheiratet‹, das ist für mich Hitchcock« – der junge Hitchcock, der angeblich Abend für Abend der Mutter am Fußende ihres Bettes Rede und Antwort stehen mußte über sein Treiben im Laufe des Tages.

6 »Mama, ich habe eine amerikanische Spionin geheiratet.« Claude Rains (Alex Sebastian) und Leopoldine Konstantin (seine Mutter)

7 Der Krawattenmörder in ›Frenzy‹ und seine Mutter. Aus Kent ist sie, dem »Blumengarten Englands«

Das gehört nicht zum offiziellen Anekdotenschatz; Hitchcock soll es Tippi Hedren erzählt haben, von der hat es sein Biograph Donald Spoto.

Die Nazimutter in ›Notorious‹ sei ja schlimmer als der Nazi selbst, und dann die Mutter in ›Psycho‹, die Wurzel allen Übels, und ähnlich die in ›The Birds‹ und die in ›Marnie‹, hat Bogdanovich aufgezählt, und in ›Strangers on a Train‹ und in ›Frenzy‹ würde angedeutet, bei den Mördern läge eine starke Mutterbindung vor. »Nun ja, ich nehme an, allgemein gesprochen, Mother kann schon eine rechte Last sein. Sie ist immer ein Problem, vor allem wenn sie älter wird, nicht wahr? Manchmal kann sie absolut bestimmend werden. Sie hängt dauernd rum und mischt sich in jedermanns Angelegenheiten …« Ob er da nicht auch auf das Matriarchat in den Vereinigten Staaten reagiere? »Oh, ich denke, das stimmt – ganz bestimmt gibt es hier ein Matriarchat, sicher.«

> Kürzlich überraschte Hitchcock auf einer Autofahrt in der Schweiz seinen Mitfahrer, indem er plötzlich ausrief: »Das ist das Schrecklichste, was ich je gesehen habe«, wobei er auf einen kleinen Jungen zeigte, der mit einem Priester die Straße entlangging, der, die Hand auf seiner Schulter, eindringlich auf ihn einsprach. Hitch beugte sich aus dem Wagen und rief: »Lauf, Kleiner, lauf – lauf um dein Leben!«
>
> *John Russell Taylor, ›Hitch‹, 1978*

Der Jesuitenzögling

Hitchcock besuchte nur kurz eine Klosterschule und dann eine öffentliche Volksschule. Als Grund für einen Schulwechsel gab die Mutter an, er sei mit der Küche nicht einverstanden gewesen. Mit neun schickten die Eltern ihn als Internatszögling auf das Salesianer-College in Battersea – als bleibenden Eindruck nahm er von da mit, daß es zur Befreiung von Übeln jeder Art allabendlich Rizinusöl im Tee gab. Mit zehn kam er auf das 1894 von Jesuiten begründete und betriebene St. Ignatius College in Stamford Hill, eine Tagesschule für Knaben, wo er blieb, bis er 14 war.

Pater Hurley, S.J., hat in seinem Hitchcock-Buch an die Bemerkung von James Joyce erinnert: »Sie betrachten mich als Katholiken … Sie sollten mich auch als Jesuiten betrachten.« Hurley wollte von Hitchcock wissen, ob auch er den »Henker Gott« erfahren habe, von dem Joyce schreibt. Hitchcock ließ die Frage unbeantwortet.

1954 erzählte ihm Claude Chabrol, er und seine Kollegen von den ›Cahiers‹ hätten herausgefunden, daß sich in seinem Werk das Thema der Gottsuche, »the search of God«, verstecke – was er dazu meine. »Search of good? Oh yes, yes; there is a search of good.« Chabrol: »Not good: God Himself!« Na, vielleicht, aber das wäre dann unbewußt. Zu Truffaut, ein paar Jahre später: Das Beichtgeheimnis in ›I Confess‹ war ein Fehlgriff; ein nicht-katholisches Publikum konnte damit nichts anfangen. Aber die Gebetsszene in ›The Wrong Man‹, die hätte doch nur ein Katholik drehen können? »Vielleicht, aber Sie dürfen nicht vergessen, da ging es um eine italienische Familie …«

Sein Drehbuchautor Lehman hat gemeint, die sogenannten katholischen Momente in Hitchcocks Filmen gingen sowieso meistens auf seine jüdischen Drehbuchautoren zurück. (Leh-

---

Wahrscheinlich hat sich in dieser Zeit bei den Jesuiten mein Angstgefühl so stark entwickelt. Moralische Angst, die Angst, mit dem Bösen in Berührung zu kommen … Es gab die Prügelstrafe. Man wurde nicht einfach so geschlagen, es war wie ein Urteil, das vollstreckt wurde. Man wurde nach Schulschluß zum Pater bestellt. Er schrieb dann feierlich den Namen in ein Buch und dazu die Art der Strafe. Und den ganzen Tag lebte man unter dem Druck der Erwartung.

Truffaut/Hitchcock

man gab dem Helden von ›North by Northwest‹ die Namen Dornenhügel und Kaplan und ließ seine Mutter die Häscher des bösen V'damm fragen: »Sie wollen doch meinen Sohn nicht umbringen?«)

Seinem Mitschüler im Jesuiten-College, Pater Robert Goold, prägte der dreizehn-, vierzehnjährige Alfred sich dauerhaft ein durch die Streiche, die er seinen Klassenkameraden und den Lehrern spielte. Er plünderte den Hühnerstall der Priester und warf die Eier gegen die Fensterscheiben ihrer Quartiere. »Kam dann ein wütender Priester herausgerannt, trug Cocky seinen Unschuldsblick zur Schau, blickte gen Himmel und zuckte die Achseln: ›Ich habe keine Ahnung, Pater, es sind wohl wieder mal Vögel vorbeigeflogen ...‹«

Die Neigung zu Streichen verließ ihn nie. Vorzugsweise waren sie darauf gerichtet, Damen und Herren, die auf ihre Würde bedacht waren, die Contenance verlieren zu lassen und mit diesem Schauspiel ein gutbürgerliches Publikum zu genieren. Bestimmte Gäste einer Abendgesellschaft ließ er auf Kissen Platz

8 Hitchcocks christliche Ikonographie. Dem Publikum von ›Topaz‹ war Michelangelos ›Pietà‹ vertraut durch ihre kürzliche Amerika-Tournee. Hitchcocks »Maria« verrät, von Castros Schergen gefoltert, diesen die Chefin der Widerstandszelle.

Seine Filme beziehen sich auf Schuld, Vergeltung, Erlösung, Tod. Kreuzes-Posen, Pietà-Szenen, Feuer und Flammen als Symbole der Hölle sind eingewoben in *mystery-thriller*-Geschichten ... Hitchs Filmkanon ist ebenso wie die Meditationsstrategie der Vier Wochen [der »Exerzitien« des hl. Ignatius] geprägt von einem starken Sinn für die Kraft des Bösen, nicht nur im Sinn übernatürlicher, nicht photographierbarer Mächte, sondern auch im Sinn des hinderlichen Anspruchs des persönlichen und familiären Lebens wie dem von Gemeinschaften und Nationen. *Neil P. Hurley, ›Soul in Suspense‹*

nehmen, die Furzgeräusche machten; dann mimte er den anderen gegenüber den Verlegenen, bat um Nachsicht. Sir Gerald du Maurier schickte er eine Einladung zu einem Kostümfest; der Geladene kam im Schottenrock, alle anderen waren in Abendkleid und Smoking, bestürzt zog er sich zurück; Hitchcock schaute wieder peinlich berührt: Sein alter Freund werde wohl langsam etwas sonderbar. Für seinen gelungensten Streich hielt er selbst sein »blaues Dinner«: blaue Suppe, blauer Fisch, blaues Huhn, blauer Nachtisch.

›Vertigo‹ gilt als Hitchcocks schönstes, tiefstes, persönlichstes Werk – der Umfrage von ›Sight and Sound‹ 1982 zufolge einer der besten zehn Filme der Welt. Samuel Taylor, der mit dem Regisseur zusammen das Drehbuch schrieb, fand, die Geschichte sei Hitchcocks Faible für Streiche entsprungen: »Es ist, wenn Sie an die Grundzüge der Handlung denken, der fürchterlichste Streich, der je einem Mann gespielt worden ist.«

Mit dem Abgang vom Jesuiten-College endete Hitchcocks Schulausbildung. »Alle kleinen Jungen werden gefragt, was sie einmal werden wollen, wenn sie groß sind. Ich rechne es mir zur Ehre an, daß ich nie gesagt habe: Polizist. Ich habe gesagt: Ingenieur.« So schickten seine Eltern ihn auf eine Schule für Maschinenbau und Schiffahrt.

Am 12. Dezember 1914 starb der Vater. Im folgenden Frühjahr bekam Hitchcock eine Stelle bei der W. T. Henley Telegraph and Cable Company, mit einem Wochengehalt von fünfzehn Schilling. Nebenbei besuchte er Abendkurse für Kunstgeschichte. Von besonderer Bedeutung waren für ihn Zeichenkurse bei dem Buchillustrator E. J. Sullivan.

Ein Vorgesetzter holte den zeichnerisch begabten Jungen in die Werbeabteilung und ließ ihn Reklameprospekte entwerfen. In der Werkszeitung ›The Henley‹ erschien eine Kurzgeschichte

›**Gas**‹. Nie zuvor war sie in diesem Viertel von Paris gewesen – hatte nur davon gelesen in Romanen von Duvain oder es im Grand Guignol gesehen. Das also war der Montmartre? Dieses Greuel, wo Gefahr lauerte im Schutze der Nacht – wo unschuldige Seelen ohne Warnung zugrunde gingen – wo Unheil dem Unachtsamen drohte – wo der Apache sich tummelte. Vorsichtig tastete sie sich vor im Schatten der hohen Mauer, schaute sich verstohlen um nach der verborgenen Gefahr, die sich an ihre Fersen geheftet haben mochte. Plötzlich rannte sie in eine Seitengasse hinein, nicht

des Neunzehnjährigen, ›Gas‹. Sie verrät den Einfluß seiner Lieblingslektüren, Poe vor allem. »Wenn ich aus dem Büro nach Hause kam, ging ich immer in mein Zimmer, griff zu meiner billigen Ausgabe der ›Tales of the Grotesque and the Arabesque‹ und fing an zu lesen. Ich fürchtete mich, aber diese Furcht ließ mich etwas entdecken, was ich nie wieder vergessen habe: daß man sich gern fürchtet, wenn man weiß, daß man nichts zu fürchten hat.«

›Gas‹: der Titel wird erst von der Schlußpointe her verständlich. Erzählt wird das Erlebnis einer Namenlosen auf dem Montmartre; sie fühlt sich verfolgt, flüchtet in ein Apachenlokal, wird beraubt, gefesselt, zum Seine-Ufer geschleppt, und dann, plötzlich: »It's out, Madam«, sagt der Zahnarzt: Es ist vorbei – aus der Traum – der Zahn ist raus. »Half a crown, please.« Eine Schreckensgeschichte als Traum einer Frau, Verlangen und Angst ineinander verwoben – ausgelöst durch eine Narkose, im Rahmen einer sachkundigen Behandlung, gegen Bezahlung. Reines Kino.

Gezeichnet ist die Erzählung mit »Hitch«. Schon als Schüler ließ er sich so nennen. Als Substantiv bedeutet das Haken, Knoten, als Verb unter anderem Hinken – Hitchcock läßt James Stewart hinken in ›The Rope‹. Von der zweiten Silbe seines Namens distanzierte er sich nachdrücklich schon als Schüler und verbat sich den Spitznamen »Cocky« (Schlitzohr). Von einem der nicht immer stubenreinen Scherze, die er sich mit seinen Mitarbeitern erlaubte, berichtet der Schauspieler Barry Foster (der Krawattenmörder in ›Frenzy‹). Von ihm mit »Mr. Hitchcock« angeredet, habe der gesagt: »I have no cock« (Ich habe keinen Schwanz), um sich gleich, errötend, zu korrigieren: »Oh, ich meine, nennen Sie mich Hitch.«

Dr. Hitch und Mr. Cock.

darauf achtend, wohin diese führte ... tastete sich voran in der tintenschwarzen Finsternis, von dem einzigen Gedanken beherrscht, der Verfolgung zu entkommen ... weiter, weiter ... Dann offenbarte sich ihrem Blick eine Tür, aus der ein Licht strömte ... Hier hinein ... irgendwohin, dachte sie ... Dann hörte sie ein trunkenes Lachen und schauderte – das war sicher – nein, nicht das! Alles, nur das nicht! Die Tür stand am Kopf einer Treppenflucht ... Treppen, die ächzten vor Altersschwäche, als sie vorsichtig hinabzusteigen begann ... *›The Henley‹, 1919*

Kinolektionen

Mit seinen Eltern ging der kleine Alfred oft ins Theater, vor allem zu Melodramen. Spezialität des englischen Melodrams sei es gewesen, grausige Situationen mit Understatement zu präsentieren. Beim Auftritt des Bösewichts war die Bühne in grünes, bei dem der Heldin in rosarotes Licht getaucht. Grün war auch die Gespensterfarbe. »Die wußten ganz genau, um die Jahrhundertwende, was sie taten«, sagte Hitchcock in seinem letzten großen Interview im ›Rolling Stone‹.

Die Qualität von Theateraufführungen hatten für ihn auch Gerichtsverhandlungen im Old Bailey, vor allem Mordprozesse. Englische Prozesse seien besonders publikumswirksam gewesen, erklärte er 1957 (›Crime – With English On It‹) den Lesern der ›New York Times‹, weil es nur *eine* Berufungsinstanz gab, weil Urteile »binnen dreier klarer Sonntage« gefällt werden mußten und bis Prozeßbeginn die Zeitungen die Fälle nicht erörtern durften. Das Gericht als Theater, der Fall als Drama und Inszenierung als kriminologische Methode, das findet sich wieder in ›Murder!‹, in ›Rope‹, in ›Stage Fright‹.

Auf sein fünfzehntes Lebensjahr datiert Hitchcock den Beginn regelmäßigen Kinobesuchs, mit sechzehn habe er angefangen, Filmzeitschriften zu lesen, vor allem amerikanische,

9 Das Old Bailey, Schauplatz mehrerer Hitchcockfilme, hier in ›Frenzy‹, 1972

Fachblätter, keine fan magazines: ›Motion Picture Daily‹ und ›Motion Picture Herald‹. Die Überlegenheit amerikanischer Filme, von und mit Griffith, Chaplin, Buster Keaton, Douglas Fairbanks, Mary Pickford, schien ihm evident, vor allem in der fotografischen Behandlung des Raums: wie durch die Beleuchtung der Hintergrund vom Vordergrund abgesetzt wurde – in englischen Filmen war alles eins, flach, ohne Relief. Dazu der Bildschnitt, der Wechsel von Bildern unterschiedlicher Größe und die Parallelmontage.

Anfang 1920 las er, Famous Players-Lasky, die spätere Paramount, wolle im Londoner Stadtteil Islington ein Produktionsstudio einrichten, um den englischen Markt nicht nur mit Importen zu bedienen, sondern auch den Bedarf an einheimischen Erzeugnissen zu befriedigen. Engländer mit Hollywood-Erfahrung sollten amerikanisches Know-how vermitteln. Der Griffith-Assistent und -Darsteller Donald Crisp war darunter und George Fitzmaurice, ein Schöngeist, der in Paris geboren und da zur Kunstakademie gegangen war – von ihm übernahm Hitchcock die Technik des Storyboards, das Zeichnen von Einstellungsentwürfen.

Hitchcock hörte, welches das erste Projekt von Famous Players British war, eine Romanverfilmung; er las das Buch und entwarf eine Serie von Zwischentiteln. Die Amerikaner waren beeindruckt, ließen ihn zunächst schwarz nebenbei für sich arbeiten und übertrugen ihm dann die Leitung der Titel-Werkstatt. Hitchcocks Titelzeichnungen, für Filme von Crisp, Fitzmaurice und anderen, kommentieren graphisch den Text. Dann wurde ihm auch die Formulierung der Texte anvertraut. Durch witzige Titel, sagte er, konnte man ein mißlungenes Drama in eine Satire verwandeln.

Die Dramaturgie-Abteilung der Firma bestand aus drei Amerikanerinnen. »Damals waren alle amerikanischen Szena-

---

Famous Players
Von Adolphe Zukor 1912 gegründete, zunächst am Vorbild der französischen Gesellschaft Film d'Art orientierte Produktionsfirma (»Berühmte Schauspieler in berühmten Schauspielen«), die sich 1916 mit Jessy L. Laskys Feature Play und 1918 mit dem Paramount-Film-

verleih verband. Zu den Stars der Firma gehörten Mary Pickford, Rudolph Valentino und Gloria Swanson. Ab 1927 Paramount Pictures Corporation (s. S. 105), in England bis 1930 als Famous Players-Lasky.

risten Frauen in mittleren Jahren. Von ihnen lernte ich das Drehbuchschreiben.« Den Rat von Elinor Glynn, den diese 1922 in einer Schrift für angehende Drehbuchschreiber formulierte, »Mach die Augen zu und konzentriere dich, träume nicht, stell dir was vor, veranschauliche, mach dir ein Bild ...«, setzte er fünfzehn Jahre später um in den Titel eines eigenen programmatischen Artikels: ›Close the Eyes and Visualise‹.

1922 liquidierten Famous Players ihre Londoner Filiale, aber die englischen Produzenten, Michael Balcon, Victor Saville und John Freedman, an die sie das Atelier vermieteten, profitierten von der amerikanischen Technologie. Hitchcock empfahl sich ihnen mit einem Drehbuch und sprang bei einer Produktion ein für den Dekorateur. Strenge Arbeitsteilung, in Hollywood üblich, hatte sich in europäischen Studios noch nicht durchgesetzt. Hitchcock wurde Graham Cutts, dem Hausregisseur von Balcon und Cie., bekannt für trickreiche Fotografie und Kamerabewegungen, als Faktotum beigegeben, als Szenarist, Architekt, Regieassistent und Cutter.

1924 erwarb Michael Balcons neugegründete Firma Gainsborough die Islington-Studios. Hitchcock assistierte Cutts bei vier Filmen. Der Vorspann des letzten, ›The Blackguard‹, eine Coproduktion mit der UFA (deutscher Titel ›Die Prinzessin und der Geiger‹), nennt ihn als Drehbuchautor und Architekten. Die Dreharbeiten fanden in Babelsberg statt.

London-Berlin-München und retour

Was den Kinogänger Hitchcock nach den amerikanischen Filmen am meisten beeindruckte, waren, als sie nach dem Kriege in England zugelassen wurden, die deutschen. Ob er auch viele von Lubitschs Berliner Filmen gesehen habe, fragt ihn

10 **Michael Balcon** (1896–1977). 1919 Verleihvertreter, begann 1923 zu produzieren. 1924 Gründung von Gainsborough Pictures. 1932 Produktionschef von Gaumont British und Leiter von deren Studio in Shepherd's Bush. 1936 gekündigt und als Produktionschef zu MGM British. 1938–1957 Direktor der Ealing Studios. 1948 geadelt. In den Fünfzigern Leiter des BFI Production Board. Autobiographie: ›A Lifetime in Films‹, 1969.

Bogdanovich. »O ja, alle. Und Fritz Langs frühe Filme. Alle sehr bedeutend.« »Hat einer Sie besonders beeindruckt?« »Ja, ›Der müde Tod‹.« (Der beeindruckte zur selben Zeit auch den gleichaltrigen, ebenfalls jesuitisch erzogenen Luis Buñuel – nicht die letzte Gemeinsamkeit.) Bernhard Goetzke, den Hauptdarsteller, lernte er in Berlin kennen und drehte selbst mit ihm in München.

Truffaut: »Und mochten Sie die Filme von Murnau?« »Ja, aber die kamen später, 23 oder 24.«

1925, in Babelsberg in der Halle nebenan, habe er Murnau beim ›Letzten Mann‹ zugeschaut – darauf beharrte Hitchcock, auch wenn seine Frau es bezweifelte. Was als Realität vor der Kamera stehe, habe Murnau ihm erklärt, spiele keine Rolle – was zähle, sei allein das, was man auf der Leinwand sieht. Murnau wollte Vorstellungen abbilden und nicht Vorgegebenes fotografisch reproduzieren. Reale Raumtiefe interessierte ihn nicht, nur Tiefenwirkung als Ergebnis von Architektur, Lichtführung und Kamerabewegung. Film ist nicht Grundriß, sagte er zu seinen Architekten, Film ist Projektion.

Hitchcock beeilte sich, das Gelernte anzuwenden. In ›The Blackguard‹ simulierte er einen endlosen Himmelsraum, indem er in einen nach oben hin verkürzten Dekor eine Engelschar postierte, Erwachsene unten im Vordergrund, weiter oben Kleinwüchsige, ganz oben Puppen. Murnau verfuhr so vier Jahre später in Hollywood bei ›Sunrise‹. Die Galerie eines

11 Deutsche Perspektive: ›The Blackguard‹ / ›Die Prinzessin und der Geiger‹, 1926, Regie Graham Cutts, Drehbuch und Bauten Alfred Hitchcock

Tanzcafés ist besetzt mit Drei- und Vierjährigen in Abendtoilette, »um durch ihre Kleinheit eine ungeheure Höhe der Halle perspektivisch vorzutäuschen«, beobachtete der Wiener Journalist Hoellering. Ausgiebig bediente sich Hitchcock der Matte-Technik, deren ständige Weiterentwicklung man sein ganzes Werk hindurch verfolgen kann. Die ersten Schritte bestanden darin, bei der Aufnahme der Spielszene Bildsegmente auszusparen, um sie zu füllen mit Aufnahmen von bemaltem Glas.

Hinfort waren die deutschen Filmer seine Vorbilder. »Sie bemühten sich vor allem darum, Ideen rein visuell auszudrücken.« Bei ihnen lernte er, »to fill the tapestry«, den Webrahmen zu füllen, die Fläche, den Raum einzubeziehen in das Netz der Gedanken und Gefühle, das die Figuren der Erzählung umspinnt, den Dingen Leben einzuhauchen. Das Buch als Kugelfang in ›The 39 Steps‹ ist ein Zitat aus Fritz Langs ›Spione‹. »Im tiefsten germanisch« fand der junge Godard, als er sich noch Hans Lukas nannte, die Kunst Hitchcocks, dieses »deutschesten aller Regisseure jenseits des Atlantiks«.

Wie auf dem Kontinent organisierte sich Mitte der zwanziger Jahre auch in England das Interesse der Intellektuellen am Film. 1925 wurde in London The Film Society gegründet, der erste englische Filmclub. Michael Balcon nannte ihn »das Mekka aller Cineasten«. Spiritus rector war Ivor Montagu, zu den aktiven Mitgliedern gehörten die Kritiker Walter C. Mycroft und Iris Barry – 1936 die Gründermutter der Film Library im New Yorker Museum of Modern Art –, Sidney (später Lord) Bernstein, der Regisseur Adrian Brunel und der Schriftsteller Angus MacPhail. Die Film Society importierte französische, deutsche und sowjetische Filme, von René Clair, G. W. Pabst, Pudowkin und Eisenstein.

Die dritte prägende Begegnung, nach denen mit dem amerikanischen und dem deutschen Kino, war für Hitchcock die

12 **Ivor Montagu** (1904–1984), Sohn eines geadelten Bankiers, Cambridge-Student, Kommunist, erster Filmkritiker des ›Observer‹. 1925 Mitbegründer der Film Society. Zwischentitel, Schnitt, Import. 1928 Regie bei drei Kurzfilmen. Übersetzte Pudowkin und Eisenstein und war mit diesem 1931 in Hollywood. Produktionsleiter bei Gaumont British, 1938 im spanischen Bürgerkrieg, darüber 1939 Kompilationsfilm ›Peace and Plenty‹. 1959 Lenin-Friedenspreis.

mit dem sowjetischen. Auf Kuleschows Montageexperiment berief er sich noch nach Jahrzehnten. Sein Suspense-Kino entsprang aus der Kombination von deutschem Expressionismus und russischem Konstruktivismus, Murnaus synthetischem Raum mit Eisenstein-Pudowkins montierter Zeit.

Nach den Dreharbeiten zu ›The Blackguard‹, bei der Rückkehr vom Kontinent, verlobte sich Hitchcock mit Alma Reville. Sie litt, erzählte er Truffaut, bei der Überquerung des Kanals unter Seekrankheit, und er mußte fürchten, sie würde seinen Heiratsantrag »in ihrem Zustand für eine Szene aus einem Drehbuch halten«. Später machte er eine daraus. In ›Foreign Correspondent‹ müssen Joel McCrea und Laraine Day bei der Überfahrt von Amsterdam nach London eine kalte Nacht an Deck verbringen, er erklärt sich ihr, und sie überrascht ihn mit ihrem Jawort. Hitchcock fand, sein Auftritt auf dem Kanaldampfer sei eine seiner größten Szenen gewesen, »vielleicht ein bißchen schwach im Dialog, aber wunderbar inszeniert und nicht überspielt«.

Alma Lucie Reville war am 14. August 1899, einen Tag nach Hitchcock, in Nottingham in Mittelengland zur Welt gekommen. Der Großvater väterlicherseits war Schmied, der Großvater mütterlicherseits Offizier. Der Vater vertrat eine Nottinghamer Spitzenfirma in London.

Die Mutter nahm Alma oft ins Kino mit. Als sie 16 war, verschaffte der Vater ihr über einen Bekannten Arbeit bei der

---

Die russische Lektion. Darüber hat Pudowkin geschrieben, in einem seiner Bücher über die Kunst der Montage. Da berichtet er über ein Experiment, das sein Lehrer Kuleschow gemacht hat: Er zeigt eine Großaufnahme von Iwan Mosshuchin und läßt darauf eine Einstellung von einem toten Baby folgen. In dem Gesicht Mosshuchins ist Mitleid zu lesen. Er nimmt die Einstellung mit dem toten Baby weg und ersetzt sie durch ein Bild, das einen vollen Teller zeigt, und jetzt liest man aus derselben Großaufnahme Hunger.

Genauso nahmen wir [in ›Rear Window‹] eine Großaufnahme von James Stewart. Er schaut zum Fenster hinaus und sieht zum Beispiel ein Hündchen, das in einem Korb in den Hof hinuntergelassen wird. Wieder Stewart, er lächelt. Jetzt zeigt man anstelle des Hündchens, das im Korb nach unten gelassen wird, ein nacktes Mädchen, das sich vor einem offenen Fenster dreht und wendet. Man nimmt wieder dieselbe lächelnde Großaufnahme von James Stewart, und jetzt sieht er aus wie ein alter Lüstling.

Truffaut/Hitchcock

London Film Company; als der Bekannte zu Famous Players wechselte, nahm er sie mit. Sie assistierte bei Dreharbeiten und beim Schnitt – Scriptgirl und Cutter waren noch keine definierten Berufe. Hitchcock lernte Alma in Islington kennen, als er dort noch schwarz arbeitete. Ehe feststand, was aus ihm werden sollte, war die Schülerin des Griffith-Schülers Crisp schon eine anerkannte Cutterin.

»Ich wollte zuerst Regisseur und dann erst Almas Mann werden« – eine zeitliche, keine emotionale Präferenz, versicherte er. Aber der Film war bei ihrer Ehe immer mit von der Partie. Das Publikum, der Dritte in seinem Kinospiel, das war zuerst Alma. Eine Zeitlang arbeitete sie weiterhin für andere Regisseure, dann nur noch für ihn. Screen credit bekam sie für Drehbuch, Dialoge und/oder Schnitt bei 14 seiner englischen Filme und vier amerikanischen. Ungenannt blieb sie an seinen weiteren Filmen beteiligt, vom Drehbuch bis zur postproduction; sie formulierte das erste Exposé, überwachte Rohschnitt und Mischung. Hitchcocks höchstes Lob für seine Szenaristen: »Alma gefiel die Szene gut, die Sie letzte Nacht geschrieben haben.« Sicher ging er direkten Urteilen gern aus dem Weg, aber sein Vertrauen in ihr Urteil ist vielfach belegt.

Hitchcock bezeichnete sich als »besonders unattraktiven jungen Mann«. Zur Zeit ihrer Verlobung wog er schon fast zwei Zentner, bei einer Größe von 1,70 Meter; sie maß 1,50 Meter und wog weniger als 100 Pfund. Zu den von ihm hartnäckig verbreiteten biographischen Daten gehört, daß er unschuldig in die Ehe ging und auch später lebte »wie ein Junggeselle, das heißt ein Abstinenzler«. Seinen Coautor Freeman überraschte er mit der Mitteilung, Alma und er hätten schon lange keine »relations« mehr (der verstand »Verwandte« statt »Beziehungen«), und der französischen Radioreporterin Lise Elina sprach er aufs Band, er sei »impuissant«. Aber

Otto Keller: »Wo ist meine Alma?«
Pater Logan: »Sie ist tot. Sie haben sie umgebracht.«
Otto Keller: »Es ist Ihre Schuld. Ich habe sie geliebt. Ich mußte weinen, wenn ich sah, wie hart sie arbeitete.«

Filmdialog ›I Confess‹

es ist belegt, daß er auf jede auch nur kurzzeitige Trennung von Alma panisch reagierte. Alljährlich wiederholten sie zu Weihnachten ihre Hochzeitsreise nach St. Moritz.

Alma und Alfred heirateten am 2. Dezember 1926 und mieteten eine Wohnung in Kensington, Cromwell Road 153. Im Hinblick auf die Geburt ihres Kindes kauften sie 1928 ein kleines Landhaus, Winter's Grace, in Shamley Green in der Grafschaft Surrey. Am 7. Juli kam Patricia Alma Hitchcock zur Welt. Während der Schwangerschaft ging Hitchcock seiner Frau aus dem Weg. Es blieb bei dem einen Kind.

Hitchcock widersetzte sich nicht dem Wunsch seiner Tochter, Schauspielerin zu werden, und ließ sie an der Londoner Royal Academy of Dramatic Art studieren. Er gab ihr kleine Rollen in dreien seiner Filme, weigerte sich aber, ihr zu weiteren zu verhelfen – angeblich, um den Eindruck des Nepotismus zu vermeiden.

Immer habe die Tatsache sie intrigiert, schreibt Tania Modleski (›The Women Who Knew Too Much‹), daß Hitchcock in ›Strangers on a Train‹ seine Tochter eine Frau spielen ließ, deren Erscheinen den Mörder wie ein Gespenst an die von ihm Ermordete erinnert. Wenn er in Patricias bebrillte Augen starrt, bricht die Erinnerung an seine Tat in ihm auf (vgl. S. 99). In ›Psycho‹ läßt Hitchcock seine Tochter einer Bürokollegin erzählen, der Arzt ihrer Mutter habe ihr für die Hochzeitsnacht Beruhigungspillen verschrieben.

13 Alma und Hitchcock (rechts) 1925 in Tirol. Dreharbeiten zu ›The Mountain Eagle‹ / ›Der Bergadler‹

Nach ›The Blackguard‹ kam es zum Bruch zwischen Hitchcock und seinem Mentor Cutts, dem sein Adlat wohl zu selbständig wurde. Balcon fand den Fünfundzwanzigjährigen reif genug, selbst Regie zu führen, fürchtete aber den Widerspruch seines Verleihers. Einen Ausweg bot ein Coproduktionsvertrag mit der Münchner Firma Emelka. Zwei Filme entstanden auf dieser Basis.

Pleasure Garden ist der Name eines Nachtclubs, in dem die Handlung des ersten beginnt. Tänzerinnen, in seitlich abgecashter Einstellung, rennen eine Wendeltreppe herunter. Die Kamera fährt die erste Reihe im Parkett ab, lauter lüsterne Greise mit Brille, Operngucker und Monokel. Hitchcocks Welt, eine Welt des Amüsements und des make-believe, der inszenierten Täuschung. Er habe sich in ihre Haare verliebt, sagt einer zu der blonden Patsy – sie zupft sich eine Locke aus der Perücke und gibt sie ihm.

›The Pleasure Garden‹ ist eine Vierecksgeschichte, von zwei Chorus Girls, Patsy und Jill, und ihren Beziehungen zu zwei miteinander befreundeten Männern. Hugh und Levet sind beide auf einer Plantage beschäftigt; Jill läßt sich, während ihr Verlobter Hugh in den Orient geht, daheim mit einem windigen Fürsten ein; Patsy heiratet Levet, folgt ihm in die Tropen und muß feststellen, daß er ihrer nicht wert ist.

Das erste Paar des Films sind die beiden Mädchen. Man sieht sie miteinander im Schlafzimmer, Jill im Nachthemd, Patsy im Herrenpyjama. Hitchcock erinnerte sich eines Berliner Erlebnisses: Zwei Mädchen hatten ihn und Cutts mit zu sich nach Hause genommen und waren, als die Herren sich uninteressiert zeigten, miteinander ins Bett gegangen.

C. M. Woolf, der Verleiher der Gainsborough-Produktionen, fand Hitchcocks ersten Film, ebenso wie den zweiten (verschollenen), ›The Mountain Eagle‹, »unbritisch«. Er ließ

The Pleasure Garden / Irrgarten der Leidenschaft. Buch Eliot Stannard n. d. Roman v. Oliver Sandys. Kamera Gaetano di Ventimiglia. Mit Virginia Valli (Patsy Brand), Carmelita Geraghty (Jill Cheyne), Miles Mander (Levet), John Stuart (Hugh Fielding), Nita Naldi (Eingeborene)

The Mountain Eagle / Der Bergadler. Buch Eliot Stannard. Kamera Gaetano di Ventimiglia. Mit Bernhard Goetzke (Pettigrew), Nita Naldi (Beatrice, die Lehrerin), Malcolm Keen (John Fulton, der Einsiedler, genannt Fear o'God), John Hamilton (Edward Pettigrew), Ferdinand Martini

14 Alfred Hitchcock um 1930 mit Alma und Sir Gerald du Maurier, Freund, Modell für Sir John Menier (in ›Murder!‹) und gelegentliches Objekt schnöder Streiche

Negative und Kopien erst einmal in den Regalen verschwinden.

Hitchcock vertraute nicht der Kompetenz der Händler. Montagu hat berichtet, wie die Freunde aus der Film Society nach Premieren in Adrian Brunels Wohnung gingen und ›hate parties‹ abhielten, Haßgelage, und dabei Wahrheitsspiele veranstalteten. Eine Frage war: Für wen, in erster Linie, machen wir Filme? Wem zu gefallen ist das wichtigste? Dem Publikum, dem Produzenten, dem Verleiher? Hitchcocks Antwort: der Kritik. Ihr muß der Regisseur sich interessant machen, ihr muß er auffallen, und zwar durch seine Inszenierung. Nur wenn so sein Name dem Publikum vertraut wird, bleibt er nicht länger Gefangener seiner Firma und kann weiterkommen. In der Kritik sah er ein unerläßliches Relais zum Publikum, dessen Agenten und Mentor zugleich. An sie wandte er sich mit kleinen Paradenummern, »director's moments«, die er in seine Filme inserierte und die sie als »Hitchcock touches« propagierten.

Wenn ein Regisseur von der Kritik enttäuscht ist, wenn er merkt, daß die Kritiker seine Filme nicht sorgfältig untersucht haben, dann ist der einzige Ausweg, den Beifall des großen Publikums zu suchen. Wenn aber ein Regisseur seine Filme nur noch für das große Publikum dreht, dann versinkt er in Routine. Es scheint mir, daß die Kritiker sehr oft die Schuld daran tragen und daß sie einen Menschen dahin bringen können, nur noch nach dem Publikum zu schielen.

Truffaut/Hitchcock

Touché!

›The Lodger: A Story of the London Fog‹ sei eigentlich sein erster Film gewesen, »der erste Film, in dem ich das anwenden konnte, was ich in Deutschland gelernt hatte« – anwenden und vorführen, das Gelernte weitergeben.

Die erste Einstellung: ein Schrei, der Kopf eines blonden Mädchens. »Ich habe eine Glasplatte genommen und den Kopf des Mädchens darauf gelegt, dann ihre Haare so ausgebreitet, daß sie das ganze Bildfeld füllen und sie von unten angeleuchtet, so daß einem das blonde Haar besonders auffiel.« Die Perspektive der Kamera ist die des Mörders. Ihn selbst sieht man nicht.

Nach der Perspektive des Mörders die der Öffentlichkeit. Die neuste Mordmeldung. Polizei- und Presserecherche parallel. Wie noch viele Hitchcockfilme läuft dieser ab vor der Folie einer bekannten Geschichte; er rechnet mit ihrer Bekanntheit, beutet sie aus: die Geschichte von Jack the Ripper, ihrerseits bekannt aus der Zeitung.

Jeden Dienstag schlägt der Blondinenmörder zu. Und gleich am Dienstag verläßt der neue Mieter sein Zimmer. Die Wirtin hält ihn für den Mörder; Joe, der Polizeiinspektor, Freund von Daisy, der Wirtstochter, behält ihn im Auge. Daisy fühlt sich von ihm angezogen, trotz – oder wegen? – des Mordverdachts. Der Mieter macht sich verdächtig und wird verhaftet, er flüchtet in Handschellen, die lynchwütige Menge verfolgt ihn.

Aber er ist der falsche Mann. Eins der Mordopfer war seine Schwester, er folgt den Spuren des Mörders. Niemand weiß, warum sich der Mörder »the avenger« nennt – der Mieter aber wirft sich auf zum Rächer seiner Schwester, dazu aufgerufen von seiner Mutter. Der Mörder und der Rächer sind ein

---

The Lodger: A Story of the London Fog. Buch Eliot Stannard n. d. Roman v. Marie Adelaide Belloc-Lowndes. Kamera Gaetano di Ventimiglia. Bauten C. Wilfred Arnold, Bertram Evans. Mit Ivor Novello (der Mieter), Marie Ault (die Wirtin), Arthur Chesney (ihr Mann), June (Daisy), Malcolm Keen (Joe Betts)

15 Der verdächtige Mieter: Ivor Novello in ›The Lodger‹. Phasenbild, blau gefärbt. Das bedeutete dem Zuschauer, daß Nacht ist.

Tandem, wie später die Hauptfiguren von ›Shadow of a Doubt‹, ›Strangers on a Train‹, ›Frenzy‹, Schuldiger und Unschuldiger zwei Seiten derselben Figur, Jekyll und Hyde.

Zu den »Hitchcock touches« im ›Lodger‹ gehört die Einstellung mit dem durchsichtigen Fußboden. Unruhig geht der Mieter in seinem Zimmer auf und ab. Im Stock darunter Wirtin, Tochter, Polizist hören es. »Ich ließ einen Boden machen aus einer Glasplatte, einen Zoll dick, sechs Fuß im Quadrat. Gerade so groß wie die Grundfläche des Dekors, den ich für die Szene hatte bauen lassen. Heute würde man das mit Ton machen.« Visualisierter Ton, wie der »fliegende Ton« in Murnaus ›Letztem Mann‹, aber auch: wie aus Wahrnehmungen Vorstellungen werden.

16 »Leihen Sie mir mal Ihren Kugelschreiber, ich will Ihnen eine Einstellung aufzeichnen …« (*Truffaut/Hitchcock*). Ein Auto fährt Zeitungen aus; seine runden Rückfenster sehen aus wie Augen eines Gesichts, mit den schwankenden Köpfen von Fahrer und Beifahrer als Pupillen – es schaut uns an.

Das Presseecho gab Hitchcocks Erwartungen recht: »Young Man with a Master Mind«, »Alfred the Great, World's Youngest Filmmaker«. Der Verleiher aber fand auch ›The Lodger‹ noch *arty* und *highbrow*. Nach dem fast gleichzeitigen Start, Ende 1926, Anfang 1927, der ersten drei Filme bildete sich das Urteil heraus, das Hitchcock sein Leben lang anhaften sollte: ein brillantes Regietalent, aber zu sophisticated, um kommerziell zu sein, und auch nicht wirklich tiefgründig.

Vier Filme drehte er im Jahr nach seinem Debüt, zwei noch für Balcon. ›Downhill‹ ist »die Geschichte zweier Schuljungen, die einen Freundschaftspakt geschlossen haben. Einer hält ihn – und muß das teuer bezahlen«. Sein Weg nach unten, erst sinnfällig gemacht durch Rolltreppe und Fahrstuhl, dann weiter auf der Landkarte hinunter nach Marseille. Drei Kapitel: die Welt der Jugend, die Welt des schönen Scheins, die Welt der verlorenen Illusionen. Zu Beginn des zweiten sieht man den verlorenen Sohn wieder in gepflegtem Outfit; Kamera zurück: er ist bloß Kellner in einem Café und nimmt ein Zigarettenetui an sich; noch weiter zurück: das Ganze findet auf einer Bühne statt, er ist Schauspieler, hat auch das Etui nicht geklaut, sondern gibt es der Verliererin zurück. Ironisch unterläuft Hitchcock das Vertrauen des Zuschauers in den Augenschein. Vorweggenommen aus ›Stage Fright‹ – was noch in den fünfziger Jahren das Publikum befremdete: eine bildgewordene Lüge.

›Easy Virtue‹ ist die Geschichte einer Frau zwischen zwei Scheidungen. Geschieden von einem Säufer, des Ehebruchs bezichtigt mit einem Künstler, der Selbstmord begangen hat, weil sie ihn eben nicht erhört hat; der zweite Mann läßt sie, von seiner Mutter gedrängt, im Stich. Schlimmer noch als Familienbande spielt ihr der Terror der Presse mit, der Paparazzi, die ihr Privatleben publik machen.

Downhill. Buch Eliot Stannard n. e. Stück v. Ivor Novello u. Constance Collier. Kamera Claude McDonnell. Bauten Bertram Evans. Mit Ivor Novello (Roddy Berwick), Robin Irvine (Tim Wakeley), Isabel Jeans (Julia), Norman McKinnel (Sir Thomas Berwick), Lillian Braithwaite (Lady Berwick), Ben Webster (Dr. Dawson)

Dem Film liegt ein Stück von Noël Coward zugrunde. Wie Lubitsch zur selben Zeit in ›Lady Windermere's Fan‹ (es ist nicht das einzige Mal, daß jüdische Elliptik und englisches Understatement in ihren Filmen sich ähnlich artikulieren) unternimmt Hitchcock das scheinbar Unmögliche: ein ganz auf Wortwitz gestelltes Konversationsstück in Bilder umzusetzen.

Bogdanovich: In der ersten Szene vorm Scheidungsrichter habe es einen interessanten Trick gegeben. »Ja, der Richter fixiert einen Anwalt – durchs Monokel. Ich ließ ein übergroßes Monokel machen, so daß die Aufnahme auch aus kürzester Distanz scharf war. Dann ersetzte ich das Glas durch einen Spiegel und setzte den Darsteller des Anwalts hinter die Kamera und ein Double in die Totale, so daß, wenn das Monokel auf die Kamera zukam, man den Mann in Großaufnahme sah. Ohne Schnitt.«

Der Verehrer macht seinen Heiratsantrag per Telefon. Statt der Dialogpartner zeigt Hitchcock das Telefonfräulein, das ihr Gespräch vermittelt, wie sie ihr Buch, einen französischen Roman, zur Seite legt, zuhört, Anteil nimmt, bangt für den Freier, sich freut über seinen Erfolg. Er macht vor, wie er es macht mit dem Publikum. »Das ist ein Beispiel für Suspense, das nichts mit Angst zu tun hat. Emotionen sind ein notwendiger Bestandteil des Suspense. [Hier] ist die Emotion der Wunsch, daß der junge Mann von der Frau akzeptiert würde.« Anders als in Griffiths *last minute's rescue* rührt der Suspense bei Hitchcock aus der Kombination nicht zweier Aktionen, deren einer der Zuschauer Erfolg wünscht, sondern aus der Verbindung eines Vorgangs mit einer Interpretation – durch eine Figur des Films oder den sich identifizierenden Zuschauer. Suspense bei Hitchcock ist kein Zeitraffer-, sondern ein Slow-motion-Effekt.

Easy Virtue. Buch Eliot Stannard n. d. Stück v. Noël Coward. Kamera Claude McDonnell. Bauten Clifford Pember. Mit Isabel Jeans (Larita Filton), Franklin Dyall (Mr. Filton), Eric Bransby Williams (der Künstler), Ian Hunter (Anwalt), Robin Irvine (John Whittaker), Violet Farbrother (Mrs. Whittaker)

Vom Kontraktregisseur …

Um den englischen Filmmarkt von amerikanischer Vorherrschaft zu befreien, verabschiedete das Unterhaus 1927 den Cinematograph Films Act – auch Quota Act genannt, weil er Verleihern und Kinos auferlegte, siebeneinhalb Prozent des Verleihangebots, fünf Prozent der Kinospielpläne britischen Filmen einzuräumen; bis 1936 sollte der Anteil auf ein Fünftel steigen. Tatsächlich trat das schon 1932 ein. Bis 1935 wurde die englische Produktion zur zahlenmäßig stärksten Europas, zur zweitstärksten der Welt. Wurden 1926 in Großbritannien nur 26 und 1927 erst 48 Filme hergestellt, so waren es 1929 schon 128, 1932 153, 1934 190, 1937 – der Höhepunkt des Booms – 225.

Zwei Gesellschaften trugen vor allem den Aufschwung: die Gaumont-British, 1927 aus dem Bündnis verschiedener Gesellschaften, darunter der Gainsborough, hervorgegangen, und die British Picture Corporation des schottischen Anwalts und Unternehmers John Maxwell. Gaumont British produzierte unter der Leitung Michael Balcons in den modernisierten Studios von Shepherd's Bush und Islington, BIP in Elstree.

1927 warb die BIP Hitchcock mit einer Jahresgage von zunächst 10 000 Pfund bei Gainsborough ab, daraus sollten innerhalb von drei Jahren 15 000 werden, das Dreifache dessen, was ihm Balcon gezahlt hatte und die zu der Zeit höchste Gage eines englischen Regisseurs.

> Die Schwierigkeit besteht darin, daß unsere Kunst kommerziell ist. Wir haben keine Mäzene, die Produktionen finanzieren würden, die nur eine Minderheit des Publikums sehen möchte. So können wir uns nur ein bißchen – ein kleines bißchen – schneller bewegen als das Verständnis des Publikums.
>
> Aber nehmen wir an, wir könnten wirklich künstlerische Filme machen für eine künstlerisch gesinnte Minderheit. Könnten wir nicht einen Film über den Regen machen, der ebenso schön wäre wie Debussys Tongedicht ›Jardins sous la pluie‹? Und was für einen hinreißenden Film aus rhythmischen Bewegungen, Licht und Schatten könnten wir mit Wolkenstudien machen – eine Art Filminterpretation von Shelleys ›The Cloud‹. Dergleichen ist auf dem Kontinent versucht worden, wo Filme aus Liebe mehr als aus Profitstreben gemacht werden; ein deutscher Produzent macht so-

IM ZEICHEN DES QUOTA ACT

Bis heute ist das Bild von Hitchcocks Filmen der Gainsborough-
und der BIP-Periode geprägt von der Perspektive der Zeit danach. Lindsay Anderson 1949: »Drei Jahre und sechs Filme gingen vorbei, ehe er mit ›Blackmail‹ eine Geschichte finden konnte, die ihm so glücklich entgegenkam wie ›The Lodger‹«; und
»wie bei ›The Lodger‹ boten die Filme, die auf ›Blackmail‹ folgten, in der Hauptsache eine Serie von Enttäuschungen.« Noch
1988 bedeuten für Slavoj Žižek (›Was Sie immer schon über Lacan wissen wollten und sich Hitchcock nicht zu fragen trauten‹,
deutsch ›Ein Triumph des Blicks über das Auge‹) die Filme vor
›The 39 Steps‹: »Hitchcock vor seinem ›epistemologischen
Bruch‹, vor dem, was Elizabeth Weiss treffend ›die Konsolidie-
rung von [Hitchcocks] klassischem Stil‹ nannte, oder, um es in
der Sprache Hegels zu formulieren, bevor er sein eigener Begriff wurde«.

Ehe sich Hitchcock, mit eigenem Zutun, auf den Begriff bringen ließ, mit den Thrillern der folgenden, der Gaumont-British-
Periode, spielte er sein Spiel außerhalb des Regelwerks eines
Genres. Unter den zehn abendfüllenden Filmen für BIP sind
nur drei Kriminalfilme, einer mit stark parodistischen Zügen;
zwei sind Entwicklungsromane mit Anklängen an die deutschen
»Kammerspiel«-Filme, zwei Lustspiele an der Grenze zum amerikanischen Slapstick, zwei Adaptionen anerkannter Bühnenstücke; einer ist zugleich Ehekomödie und Reisefilm; dann
schließt sich noch ein Musikfilm an.

Das scheinbar Disparate ist Ergebnis einer Studiopolitik, die
dem Regisseur selten die Wahl eines Themas oder einer Vorlage freistellte, aber auch Ausdruck von Experimentierfreude;
Hitchcock reagierte auf ihm diktierte Themen mit eigenwilligen

---

gar Filmstudien aus Würfeln und Kreisen, die ihre Formen verändern; wie
ein animiertes kubistisches Gemälde bewegen sie sich in rhythmischen
Formen über die Leinwand.

Aber diese Dinge sind nicht für heute, obwohl sie uns daran denken lassen, wie der Film ein künstlerisches Medium werden könnte. Es gibt jedoch
keinen Grund, warum wir nicht solche rhythmischen Bilder als Stimmungen und Hintergründe unserer Leinwandgeschichten benutzen sollten.
Wieviele Leute merken schon, daß wir in unseren Filmen tatsächlich auf
Stimmung aus sind? ... Indem wir der Geschwindigkeit große Aufmerksamkeit schenken, mit der wir unsere kleinen Stücke ausspielen, versuchen
wir, die aufmerksamen Geister in die richtige Stimmung zu versetzen.

»Films We Could Make«, in: ›London Evening News‹, 1927

Inszenierungen, und bei freier Wahl des Sujets entschied er sich für wechselnde Genres und Genremischungen.

Sein Programm formulierte Hitchcock Ende 1927, nach zwei Filmen für BIP, in einem Brief an die ›London Evening News‹, in dem er plädiert für eine deutlichere nationale Identität des englischen Kinos, für eine spezifisch filmische Erzählweise (leuchtendes Vorbild: Chaplins ›The Woman of Paris‹) und für mehr Autorität für den Regisseur. Dieses Programm durchdringt auch seine Filme.

Ein »one-man picture«, ein Autorenfilm, ist sein erster für BIP. ›The Ring‹, ihm zufolge »nach ›The Lodger‹ der zweite Hitchcockfilm«, ist der erste nach einer eigenen Idee. Der Titel meint erst Boxring, dann Armreif, dann Ehering und bezeichnet auch das narrative Grundmuster des Films – wie später in ›Rope‹ der Strang oder in ›Vertigo‹ die Spirale.

Zwei Boxer um eine Frau, sie heiratet den einen, will aber von dem anderen nicht lassen. Jack kämpft auf Jahrmärkten gegen leichtsinnige Dorfburschen, Bob ist australischer Champion. Er

17 Vor dem Jahrmarktszelt. Einladung ans Publikum zur Beteiligung am Schaukampf.

The Ring. Buch A.H., Alma Reville. Kamera John J. Cox. Bauten C. Wilfred Arnold. Mit Carl Brisson (Jack Sanders), Lillian Hall-Davies (Nelly), Ian Hunter (Bob Corby), Forrester Harvey (Harry), Harry Terry (Schausteller), Gordon Harker (Trainer), Billy Wells (Boxer)

engagiert den anderen als Sparringspartner und gibt ihm so die Chance zum Aufstieg aus dem Milieu der Fahrenden in das des Profi-Sports. Hitchcocks Bilder illustrieren die Wahrnehmungen und Emotionen seiner Figuren beim Kampf und bei Festen, Enttäuschung, Wut, Eifersucht. Jack feiert mit seinen Kirmes-Kumpanen: Champagner perlt. Ein Toast wird ausgebracht auf Nelly, seine Frau, die aber ist verschwunden: keine Perlen mehr im Champagner. »Wir waren damals stark in solchen kleinen visuellen Ideen, manchmal waren sie so subtil, daß die Leute sie gar nicht bemerkten.«

Die beiden folgenden Filme sind Auftragsarbeiten, aber nicht unspezifisch. ›The Farmer's Wife‹ basiert auf einem populären Lustspiel. Ein verwitweter Bauer begibt sich auf Brautschau. Vier alten Jungfern macht er den Hof, keine konveniert. Der Reihe nach stellt er sie sich vor am Kamin im Sessel der Verstorbenen. Als Minta, die Magd, die seine Frau ihm hinterlassen hat, sich in den Sessel setzt, beweist die Evidenz: Sie ist die Passende.

›Champagne‹ war von dem BIP-Manager Mycroft als Flapper-Komödie à la ›Flaming Youth‹ oder ›Our Dancing Daughters‹ und Star-Vehikel für Betty Balfour gedacht. Die Tochter eines Wallstreet-Magnaten büchst aus nach Frankreich; der Vater, der ihre Wahl mißbilligt, folgt ihr und macht ihr weis, er sei pleite. Erst läßt sie den Champagner strömen, dann muß sie sich in einem Nachtclub verdingen und andere dazu animieren. Am besten gefiel Hitchcock der Gag »mit dem Betrunkenen, der fürchterlich torkelte, wenn das Schiff ruhig war, aber wenn es schlingerte und alle durcheinanderfielen, ging er gerade und aufrecht«.

›The Manxman‹ ist wieder eine Dreiecksgeschichte, wieder eingeschrieben in einen Kreis – wie im Katharinenrad, dem Wappen der Isle of Man, des Schauplatzes der Handlung, ein

---

The Farmer's Wife. Buch A. H. u. Eliot Stannard n. d. Stück v. Eden Phillpotts. Bauten C. Wilfred Arnold. Kamera John J. Cox. Mit Jameson Thomas (Samuel Sweetland), Lillian Hall-Davies (Araminta Dench), Gordon Harker (Cheirdles Ash), Maud Gill (Thirza Tapper), Louise Pounds (Louise Windeatt)

Champagne. Buch Eliot Stannard u. A. H. nach einer Idee von Walter C. Mycroft. Kamera John J. Cox. Bauten C. Wilfred Arnold. Mit Betty Balfour (Betty), Gordon Harker (ihr Vater), Jean Bradin (der junge Mann), Ferdinand von Alten (Passagier)

Rad mit drei Speichen. In der ersten Einstellung sieht man sich's drehen. Zwei Jugendfreunde, der Fischer Pete und der Jurist Phil, um Kate, die Tochter eines vermögenden Wirtes. Vergebens hält Phil für Pete bei ihm um Kate an. Pete geht nach Afrika, wird tot gemeldet. Kate bekennt Phil ihre Liebe, aber er zieht die Berufung zum Deemster, zum Inselrichter vor, der eine Heirat mit ihr im Wege stünde. Pete kehrt unerwartet zurück, Kate heiratet ihn, bekommt aber ein Kind von Phil. Sie begeht einen Selbstmordversuch, strafbar in England, Phil soll über sie richten. Er gibt sein Amt auf, verläßt mit ihr und dem Kind die Insel, unter den Schmähungen der Menge.

Die Kreisbewegung wird zur Spirale abwärts. Eingebettet in die detailfreudige Beschwörung des Insellebens ist ein exzessives Melodram – »banal, völlig humorlos«, fand Hitchcock später.

Stille und Schrei

Hitchcock widersetzte sich technischen Neuerungen nie, später nicht Farbe, 3-D, Breitwand, Fernsehen. Sein Umgang mit neuen Techniken ist immer experimentell und pädagogisch. Auch seine frühen Tonfilme sind Filme für Filmer und für Kritiker, gespickt mit Lehrstücken zum spezifischen Einsatz von Stimme, Geräusch und Musik.

›Blackmail‹ ist zugleich sein letzter Stumm- und sein erster Tonfilm, kein nachträglich vertonter Stummfilm, auch nicht stumme Fassung eines Tonfilms (üblich war beides um 1929, als die Kinos begannen, ihre Technik umzustellen), sondern von vornherein produziert in zwei Varianten.

Das Thema, sagt Hitchcock, sei Pflicht und Liebe. Zuerst die Pflicht: Eine Festnahme wird gezeigt, protokollarisch, wie spä-

---

The Manxman. Buch Eliot Stannard n. d. Roman v. Sir Hall Caine. Kamera John J. Cox. Bauten C. Wilfred Arnold. Schnitt Emile de Ruelle. Mit Carl Brisson (Pete Quilliam), Malcolm Keen (Philip Christian), Anny Ondra (Kate Cregeen), Randle Ayrton (Mr. Cregeen)

Leute von der Marine haben die Theorie, daß heute noch die besten Navigatoren diejenigen sind, die ihr Handwerk auf den veralteten Segelschiffen gelernt haben. Ebenso bestehe ich darauf, daß die jungen Leute Amerikas und Britanniens, die sich auf das

18 Tonprobe zu ›Blackmail‹. Hitchcock und Anny Ondra. Ihr Akzent war nicht akzeptabel.

ter in ›The Paradine Case‹ und ›The Wrong Man‹. – Die Liebe: Ein an der Aktion Beteiligter, Inspektor Webber, ist verlobt mit Alice, der koketten Tochter eines Ladenbesitzers, beide »Leute aus dem Mittelstand; mit der Liebe klappt's nicht ganz, sie streiten sich, und das Mädchen macht sich selbständig, nur weil der junge Mann sie fünf Minuten hat warten lassen«. Alice läßt sich von einem Künstler in dessen Atelier einladen; als er zudringlich wird, setzt sie sich zur Wehr, mit dem Messer, das gerade zur Hand ist, und ersticht ihn. – Der Konflikt: Pflicht contra Liebe. Frank Webber wird auf den Fall angesetzt, entdeckt die Wahrheit, schweigt, um seine Braut zu schützen. Ein Zeuge, ein schmieriges Subjekt, versucht, Alice zu erpressen, bringt sich selbst in Verdacht, Frank will seinerseits sein Schweigen erpressen.

In dem Stück von Charles Bennett, später Hitchcocks Drehbuchautor, hier an der Bearbeitung nicht beteiligt, siegt die Pflicht über die Liebe. So wollte es auch Hitchcock: Am Ende sollte die Verhaftung des Mädchens die Eingangssequenz Einstellung für Einstellung wiederholen. »Triffst du dein Mädchen

> Filmspiel einlassen, zuerst einen Grundkurs in Stummfilmtechnik absolvieren sollten … Bei aller Präferenz für das Bild verachte ich den Ton doch nicht, aber wenn ich höre, das tönende Bild verfüge über eine breitere thematische Spannweite, halte ich dagegen, daß es ebenso das Feld der Ansprache verringert. Was das Auge anspricht, ist universal, was das Ohr anspricht, begrenzt.
>
> ›Close Your Eyes and Visualise‹, 1936

heute abend?« sollte Frank von seinem Kollegen gefragt werden. »Nein, heute nicht.« Der Produzent fand das zu deprimierend.

Also siegt Liebe über Pflicht: Alice ist bereit, die Tat – in Notwehr begangen, ein Unfall, aber würde der Richter das auch so sehen? – zu gestehen, wird von Frank daran gehindert. Er läßt zu, daß der Erpresser als Tatverdächtiger verfolgt wird und dabei zu Tode stürzt. Indem Frank seine Verlobte dem Gericht entzieht, verurteilt er sie; der Tod des Erpressers läßt ihn an dessen Stelle treten, liefert ihm die Frau aus mitsamt ihrer Tat.

Den ganzen Film hindurch steht Alice in wechselnden Dreiecksverhältnissen zwischen Männern, dem Vater und dem Verlobten, dem Verlobten und dem Maler, dem Maler und dem Erpresser, dem Erpresser und dem Verlobten, dem Verlobten und seinem Kollegen: Die tuscheln miteinander, lachen auf ihre Kosten. Dann beteiligt Hitchcock den Zuschauer am Spiel: ein Bild des toten Malers wird vorbeigetragen, ein lachender Harlekin, mit dem Finger zeigt er auf den Betrachter.

Hitchcocks Suspense beruht auf dem Wissen, das der Zuschauer dem Helden voraushat. Hier wird er so zum Komplizen erst des Erpressers, dann des Polizisten. Das Happy-End erwartet von ihm, einverstanden zu sein mit dem Stellvertretertod des Erpressers und der Erpressung der jungen Frau durch ihren Verlobten.

Der Dialog dient Hitchcock in seinem ersten Tonfilm weniger zu verbaler Artikulation als zu deren Problematisierung; er wimmelt von Mißverständnissen, Hörfehlern, fehllaufender Kommunikation. Alice wird von den Männern bequatscht, angesungen, zum Schweigen gebracht (und die Darstellerin der Stimme noch einmal beraubt: die Tschechin Anny Ondra mußte ihren Dialog mimen, die Stimme gab die Engländerin Joan Barry bei der Aufnahme synchron dazu). Zur subjektiven Ka-

---

Blackmail (Erpressung). Buch Benn W. Levy und A. H. n. d. Stück v. Charles Bennett. Kamera John J. Cox. Bauten Norman u. C. Wilfred Arnold. Schnitt Emile de Ruelle. Mit Anny Ondra (Alice White), John Longden (Frank Webber), Donald Calthrop (Tracy), Cyril Ritchard (Crewe), Sara Allgood (Mrs. White)

mera der subjektive Ton: Aus einer Tirade der Nachbarin, die am Morgen nach der Tat den Eltern beim Frühstück davon erzählt, sticht für Alice nur das Wort »Knife!« hervor – das Wort macht sich selbständig, sticht zu, wie das Messer am Abend in Alices Hand automatisch zuzustechen schien.

Stumm erschrickt Alice bei der nächtlichen Wanderung nach ihrer Tat vor einem Clochard; auf das Bild zieht Hitchcock den Schrei aus der nächsten Szene vor, den die Wirtin ausstößt bei der Entdeckung des Toten.

Der Erpresser stürzt zu Tode im British Museum, er fällt durch die Glaskuppel. Noch in vielen weiteren Hitchcockfilmen wird Suspense sich verbinden mit einem bekannten Schauplatz und/oder -spiel – Museum, Kirche, Zirkus, Konzert, Theater, Ballettsaal, Denkmal. Gedreht wurde die Szene zur Gänze im Atelier, mit Hilfe des von Eugen Schüfftan in Berlin entwickelten Spiegeltrickverfahrens. Diapositive von neun Fotos, im Museum mit langer Belichtungszeit aufgenommen, wurden schräg auf Spiegel projiziert, in denen an bestimmten Stellen das Quecksilber entfernt worden war, so daß sie Durchblicke freiließen auf realitätsgetreu nachgebaute Dekorstücke, in denen die Schauspieler agierten.

In ›Blackmail‹ eröffnet Hitchcock ein besonderes Spiel mit dem Zuschauer: ›Find the Director‹ nennt es Thomas M. Leitch im Titel seines Buchs über unseren Autor als homo ludens. In ›The Lodger‹ war er zweimal als Komparse eingesprungen; erst in ›The Blackmail‹ ist sein Auftritt darauf angelegt, vom Zuschau-

19 In der Subway. Ein frecher Junge stört den Regisseur bei der Lektüre – ein doppeltes Selbstportrait: Der Lausbub ist er auch.

er wahrgenommen zu werden. In den englischen Filmen folgen sporadisch weitere, in den amerikanischen gehören sie fest zum Ritual der Rezeption. Der Zuschauer wartet auf sie.

Meist scheint er nur mal eben hereinzuschaun in seinen Film, während eines Spaziergangs oder Einkaufsbummels – wie der Zuschauer ins Kino geht. In ›Murder!‹, ›The 39 Steps‹, ›Mr. and Mrs. Smith‹, ›Rope‹, ›The Trouble with Harry‹, ›Vertigo‹ ist er ein nicht besonders auffälliger – oder betont unauffälliger – Passant. In ›Rebecca‹ passiert er die Zelle, in der George Sanders gerade telefoniert – was daran erinnert, daß er gern einen ganzen Film in einer Telefonzelle gedreht hätte. Wie hätte er sich da gezeigt? Vielleicht auf einem Foto wie in ›Lifeboat‹ und ›Dial M for Murder‹.

Sein destruktivster Auftritt, hat er erzählt, sei der in ›Rich and Strange‹ gewesen: Das Paar des Films habe ihm zum Schluß seine Geschichte erzählt, und er habe geantwortet: »Nein, ich glaube nicht, daß daraus ein Film zu machen ist.« In der überlieferten Fassung fehlt die Szene.

Nachdem er 1938 in ›The Lady Vanishes‹, am Schluß auf dem Londoner Bahnhof, nicht interessiert scheint an den kontinentalen Wirren, denen die Reisenden ausgesetzt waren, kommt er 1940 in ›Foreign Correspondent‹ zeitunglesend auf die Kamera zu; 1942, in ›Saboteur‹, steht er an einem Zeitungsstand.

Er nimmt Anteil an jedem Straßenspektakel, den Künsten eines arabischen Akrobaten in ›The Man Who Knew Too Much‹, Reden von Politikern in ›Under Capricorn‹ wie in ›Frenzy‹, wo der Redner die Sauberkeit der Themse preist – ehe die Frauenleiche angeschwemmt wird, die Hitchcock darin plaziert hat.

In ›Young and Innocent‹ ist er einem dem Kino verwandten Medium verbunden, als Fotograf versucht er vergeblich, im Gedränge vor dem Gerichtsgebäude zum Schuß zu kommen. Schwer trägt er manchmal an seiner Kunst: in ›The Paradine Case‹ einem Cello, in ›Strangers on a Train‹ einem Kontrabaß. Das ist

Wie Sie wissen, trete ich in jedem meiner Filme kurz auf. Einer der frühsten war ›The Lodger‹, die Geschichte von Jack the Ripper. Ich sollte in der Pension die Treppe raufsteigen. Da die weiteren Filme ähnlich anstrengende Bewegungen vorsahen – einen Bus besteigen, Schach spielen –, verlangte ich ein Double. Und das Besetzungsbüro engagierte diesen fetten Mann! Der Rest ist Geschichte. Er wurde zum öffentlichen Bild von Hitchcock. Das Bild zu ändern war unmöglich. Also mußte ich mich diesem Bilde anpassen. Leicht ist es mir nicht gefallen. Meinen Erfolg kön-

20 Angesichts drohender Kriegsgefahr. Der Spaziergänger nimmt Anteil. ›Foreign Correspondent‹, 1940

auf dem Bahnhof von Metcalf, Connecticut. Auch sonst sieht man ihn als Benutzer öffentlicher Verkehrsmittel – nie am Steuer eines Autos! –, im Zug (in ›Shadow of a Doubt‹), im Bus (in ›To Catch a Thief‹ neben Cary Grant) oder beim vergeblichen Versuch, einen Bus zu besteigen (in ›North by Northwest‹).

Er sitzt in einer Hotelhalle in Kopenhagen, ein feuchtes Baby auf dem Schoß (in ›Torn Curtain‹), oder tritt aus einem Lift (in ›Spellbound‹), in dem er die Mitfahrenden unterhalten haben mag, wie Bogdanovich das erzählt, mit einer vielversprechenden Horrorgeschichte: »Überall Blut! ›Mein Gott, was ist passiert?‹ Wissen Sie, was er mir geantwortet hat?« In dem Moment mußten alle aussteigen. – In ›Stage Fright‹ bespitzelt er Jane Wyman, wie sie ihre Spitzelrolle rekapituliert. – In ›Marnie‹ schaut er, wieder in einem Hotel, der Titelheldin nach und blickt dann kurz in die Kamera.

Seine Filme sind durchsetzt mit Spielszenen, Schach, Blindekuh, Rommee; sich selbst outet er als Pokerspieler in ›Shadow of a Doubt‹: Da sitzt er im Speisewagen, kurz vor der Ankunft in Santa Rosa, mit einem Royal Flush in der Hand.

---

nen Sie daran ermessen, daß noch niemandem der Unterschied aufgefallen ist.
   Unser cherubinischer Freund nahm ein tragisches Ende. In den vierziger Jahren wollte er unbedingt in einem Film mitmachen. Leider mochte Tallulah Bankhead ihm nicht erlauben, in das Rettungsboot zu klettern. Sie hatte Angst, es würde sinken. Es war traurig, ihn untergehen zu sehen. Natürlich hätten wir ihn retten können, aber das hätte die Aufnahme verdorben.

Den reiferen Hitchcock sieht man in ›Psycho‹ auf der Straße in Phoenix, Arizona, mit einem Stetson auf dem Kopf – gleich dem Mann in der nächsten Szene, der mit dem Geld angibt, das er im Ölgeschäft verdient hat, wie Hitchcock einige seiner Millionen.

Als alter Herr führt er seine Pudel spazieren (seine eigenen, in ›The Birds‹) oder sitzt im Rollstuhl (in ›Topaz‹), von einer Krankenschwester gefahren – aber da darf man sich nicht täuschen lassen: Plötzlich springt er auf und geht.

Diese Auftritte entsprechen Hitchcocks Programm: dem öffentlichen Bewußtsein den Regisseur als den eigentlichen Filmautor zu vermitteln, Filmregie als eine denen des Literaten und des Malers ebenbürtige Tätigkeit zu propagieren und sich selbst als exemplarisches Beispiel (nach dem Erfolg von ›Blackmail‹ rief er die Hitchcock Baker Productions ins Leben, zu dem einzigen Zweck, der Presse seinen Nachrichtenwert deutlich zu machen). Seine Auftritte halten das Publikum zur Distanz an gegenüber dem Filmgeschehen; er macht sie vor und bedeutet dem Zuschauer: »It's only a picture« – aber auch: »a one-man picture«.

21 Ein Minister preist die Sauberkeit der Themse, sein Zuhörer weiß es besser. ›Frenzy‹, 1972

> Beim nächsten Film war ich natürlich vorsichtiger. Ich gab dem Besetzungsbüro eine genaue Beschreibung meines wahren Ichs. Das Besetzungsbüro hat gute Arbeit geleistet. Das Ergebnis: Cary Grant in ›Notorious‹.
>
> Wie Sie wissen, bin ich ein Gefangener meines alten Images geblieben. Es heißt, in jedem dicken Mann steckt ein dünner, der will raus. Nun wissen Sie: Der dünne Mann ist der wirkliche Alfred Hitchcock.
>
> ›After Dinner Speach‹, 1965

Schauspiel und Leben

Auch nach ›Blackmail‹ war Hitchcock für John Maxwell nur der Regisseur für ein Publikum, das gern ein gutes Stück auf der Leinwand sieht. So gab er bei ihm drei weitere Verfilmungen in Auftrag, zwei Dramen bekannter Autoren und ein erfolgreiches Kriminalstück – für Hitchcock drei Gelegenheiten zur filmischen Auseinandersetzung mit dem Theater unter Nutzung der neuen Möglichkeiten der Tonaufzeichnung – vor der Einführung von Nachsynchronisation und Tonmischung.

›Juno and the Paycock‹ ist Hitchcocks erster kompletter Sprechfilm. Nicht nur an O'Caseys Text hielt er sich, sondern übernahm auch die Aufführung des Abbey Theatre in Dublin samt den Irish Players. Spätere Fernseh-Methoden vorwegnehmend, filmte er die meisten Szenen durchgehend mit mehreren Kameras, Totalen, Nah- und Großaufnahmen aus verschiedenen Perspektiven. So konnte der Ton, oft gleichzeitig Dialog, Geräusch und Musik, direkt aufgenommen werden.

Auch ›The Skin Game‹ blieb der Vorlage treu, einem Stück von John Galsworthy. An dem Konflikt zwischen einer aristokratischen Gutsbesitzers- und einer neureichen Industriellenfamilie, deren Kinder sich verlieben, interessierte Hitchcock weniger der Klassengegensatz als die Korruption von Gefühl und Gewissen durch materielle Interessen und, wie in ›Easy Virtue‹, des Privaten durch das Öffentliche.

Größere Freiheit nahm er sich zwischendurch mit ›Enter Sir John‹, einem erfolgreichen Kriminalstück (und -roman), »mein erstes Whodunit« (who done it: wer hat's getan?), aber mehr noch ist ›Murder!‹ ein Spiel um Theater und Justiz.

Eine Schauspielerin ist ermordet worden; eine mit ihr befreundete Kollegin wird als die vermeintliche Täterin zum Tode verurteilt. Einer der Geschworenen, Sir John Menier (Herbert Mar-

---

Juno and the Paycock. Buch Alma Reville u. A. H. n. d. Stück v. Sean O'Casey. Kamera John J. Cox. Bauten J. Marchant. Schnitt Emile de Ruelle. Mit Sara Allgood (Juno Boyle), Edward Chapman (Captain Boyle), John Laurie (Johnny Boyle), Marie O'Neill (Maisie Madigan), Sidney Morgan (Joxer Daly)

The Skin Game (**Bis aufs Messer**). Buch Alma Reville u. A. H. n . d. Stück v. John Galsworthy. Kamera John J. Cox. Mit Jill Esmond (Jill Hillcrist), John Longden (Charles Hornblower), Edmund Gwenn (Mr. Hornblower), C. V. France (Mr. Hillcrist), Helen Haye (Mrs. Hillcrist), Phyllis Konstam (Chloë Hornblower)

shall), Dramatiker und Schauspieler, zweifelt an ihrer Schuld und untersucht den Fall. Wer hat das Brandy-Glas im Mordzimmer geleert? Er muß der Mörder sein! Die Idee kommt Sir John, als er sich selbst im Spiegel ein Glas zum Munde führen sieht. Er erkennt in dem Mörder sein Double, schlüpft in dessen Rolle.

Sir John besucht Diana Baring, die zum Tode Verurteilte, im Gefängnis und erfährt den Namen des Brandytrinkers; es ist ihr Verlobter, Handel Fane. Auch er ein Schauspieler, nur kein prominenter, geadelter Shakespeare-Mime (Hitchcocks Modell für Sir John: sein Freund Sir Gerald du Maurier), sondern im Gegenteil ein Zirkus- und Kabarettartist, spezialisiert auf Frauenrollen und Trapeznummern. Er interpretiert nicht, sondern spielt unter Einsatz seines Körpers (auch Fane hatte ein reales Vorbild: Barbette, Idol der Surrealisten und Cocteaus, der ihn in ›Le Sang d'un poète‹ auftreten ließ).

Sir John betreibt die Überführung des Mörders, wie er ein Stück schreibt – er macht daraus eins. Er schreibt ›Die innere Geschichte des Falles Baring‹, mit einer Rolle für sich als Verehrer der zu Unrecht Verurteilten, und bietet Fane die seines Gegenspielers an. Er läßt ihn probesprechen, eine unfertige Szene, Fane soll sie zu Ende spielen, ihn als Autor vertreten. Eine Falle – aber Fane verrät sich nicht. Am Abend ist Sir John Zeuge, wie sich Fane während seines Trapezakts im Zirkus das Leben nimmt, den Tod durch Erhängen, der Diana droht, an sich selbst vollstreckend.

22 Sir John (Herbert Marshall) besucht Diana (Norah) Baring im Gefängnis.

Fanes Motiv für seinen Mord: Dianas Freundin wollte seiner Verlobten verraten, daß er ein »Mischling« ist! In der Vorlage hieß es: homosexuell. Bei Hitchcock ist er nicht nur Transvestit und bisexuell, auch »Weißer« mit fremdem (afrikanischem? indischem?) Blut. Esmé Percy (Schüler von Sarah Bernhardt, Glanzrolle Hamlet) verleiht seiner Rolle feminine Züge. Percy/Fane ist ein Verwandter vieler schwuler Darsteller bei Hitchcock, von Ivor Novello bis Montgomery Clift, und inhibierter Helden, der von ›Rope‹ und ›Strangers on a Train‹ bis Norman Bates in ›Psycho‹, der sich in seine Mutter verwandelt (deren Stimme im Film die zweier weiblicher und eines männlichen Sprechers ist). Seinen Schauspielern sagte Hitchcock, sie müßten in seinen Filmen männlich und weiblich zugleich empfinden. Viele Hitchcockfilme und zunehmend die späteren unterlaufen eingefahrene Vorstellungen von geschlechterspezifischem Rollenverhalten.

›Murder!‹ zitiert Bühnenstücke und -techniken, ›Hamlet‹, das Spiel im Spiel, den Inneren Monolog, Hitchcock läßt Herbert Marshalls Stimme hören, seine Lippen bleiben geschlossen – Laurence Olivier machte es 15 Jahre später nach in seinem Hamlet-Film. Ständig schlagen Realität und Schauspiel eins ins andere um. Sir John liebt Diana, er als Theatermann, sie als Schauspielerin. Die Schlußeinstellung zeigt beide beim Happy-End-Kuß. Die Kamera retiriert: sie stehen auf der Bühne, der Vorhang fällt. Theater und Wirklichkeit, der Gegensatz aufgehoben im Film, der auf Distanz geht zu der Kunst, aus der er hervorgegangen ist.

Eine ebenfalls von Hitchcock inszenierte deutsche Fassung des Films, ›Mary‹ oder ›Sir John greift ein!‹, war zwölf Minuten kürzer. Kraßheiten, Zweideutigkeiten und Dissonanzen waren geglättet. Von Alfred Hitchcocks expressionistischer Schule ist in der englischen Fassung mehr zu erkennen als in der deutschen.

Murder! Buch Alma Reville, A. H., Walter C. Mycroft n. e. Stück u. Roman v. Clemence Dane u. Helen Simpson. Kamera John J. Cox. Mit Herbert Marshall (Sir John Menier), Norah Baring (Diana Baring), Esme Percy (Handel Fane), Edward Chapman (Ted Markham), Phyllis Konstam (Doucie Markham)

Deutsche Fassung:
Mary (auch **Sir John greift ein!**). Dialoge Herbert Juttke, Georg C. Klaren. Mit Walter Abel (Sir John), Olga Tschechowa (Mary Baring), Ekkehard Arendt (Handel Fane), Paul Graetz (Bobby Brown), Lotte Stein (seine Frau), Louis Ralph (Bennett)

23 Liebe an Bord. Am Tisch, v.l.n.r. Fred und Em, rechts Freds Flamme, die »Prinzessin«, hinter ihnen stehend Ems Verehrer, der Commander

Der kommerzielle Erfolg der Galsworthy-Verfilmung gab Hitchcock die Chance zu einem Film eigener Wahl – dessen Mißerfolg hätte seine Karriere dann fast beendet.

›Rich and Strange‹ ist, nach ›The Ring‹, sein zweiter Film nach einer eigenen Idee. Die Hitchcocks hatten gerade mit Tochter Pat eine Kreuzfahrt durch Atlantik und Karibik gemacht. Alma war aufgefallen, wie schnell die Menschen einander zu hassen beginnen, wenn sie auf engem Raum zusammengepfercht sind. Das Paar im Film heißt zwar nicht Alma und Alfred, aber doch Em und Fred.

Von einem reichen Onkel bekommen sie eine Weltreise geschenkt. Fred schaut groß in die Kamera. Aus der Enge des Londoner Mittelstandsdaseins führt die Reiseroute sie um den halben Globus, über Paris und Marseille in die Weite des Empires: Port Said, Colombo, Singapur. Auf Australien müssen sie verzichten, denn während Em sich nur in allen Ehren von einem älteren Commander den Hof machen läßt, verfällt Fred den Reizen einer exotischen Prinzessin (in Wahrheit die Tochter eines Berliner Reinigungsbesitzers), die ihn um die Reisekasse prellt;

Rich and Strange (Endlich sind wir reich). Buch Alma Reville, Val Valentine u. A. H. Kamera John J. Cox, Charles Martin. Bauten C. Wilfred Arnold. Mit Henry Kendall (Fred Hill), Joan Barry (Emily Hill), Percy Marmont (Commander Gordon), Betty Amann (die »Prinzessin«), Elsie Randolph (alte Dame)

der Rest reicht gerade für eine Billigpassage nach Hause. In der Beschimpfung der Falschen finden die Eheleute wieder zusammen. Schiffbruch – Rettung durch eine Dschunke – das erste Mahl: Reisfleisch. »Es ist vorzüglich, das beste, was sie je gegessen haben. Mit Stäbchen.« Dann sehen sie, an die Bordwand genagelt, das Fell der von Em geretteten schwarzen Schiffskatze, mit funkelnden Augen. Bei der Heimkehr ist alles wieder beim alten.

Der Film irritiert. John Russell Taylor findet ihn »merkwürdig bitter und trist, eine Abenteuergeschichte, in der alle Abenteuer schiefgehen«. Die Komik ist von der Art, daß zum Lachen vor allem ist, daß etwas zum Lachen sein soll. Der Zuschauer kann nur auf Distanz gehen. Wie später in ›Mr. and Mrs. Smith‹, ebenfalls eine remarriage comedy, eine Komödie von Zerfall und Wiederherstellung einer Ehe, werden die Regeln des Genres eher dem Spott des Zuschauers ausgesetzt, als daß sie sein Vergnügen förderten.

Nach dem Mißerfolg des Films war das Vertrauen der BIP in ihren bestbezahlten Regisseur auf einem Tiefpunkt angelangt und damit auch die Chance für eine Erneuerung seines lukrativen Vertrages.

Mit seinem Abschlußfilm wollte er seinem Produzenten einen Streich spielen. Maxwell gab eine Vorlage, die Hitchcock gern verfilmt hätte, einem anderen, der wiederum an dem Stück interessiert war, das Hitchcock zugeteilt wurde: die Kriminalfarce ›Number Seventeen‹. Deren ironische Akzente treibt Hitchcock ad absurdum. Die erste Hälfte strapaziert die Einheit von Ort, Zeit und Handlung; Treppenhaus und Dachboden

24 ›Number Seventeen‹: das Treppenhaus, im deutschen Stil

eines verlassenen Hauses wirken wie die Karikatur eines deutschen »Kammerspiel«-Dekors. Die zweite Hälfte, damit scharf kontrastierend, ist die Parodie einer Verfolgungsjagd, ein Wettrennen zwischen Bus und Eisenbahn, mit der Bruchlandung des Zuges auf einer Fähre als Schlußpointe – gefilmt mit deutlich als solchen erkennbaren Spielzeugmodellen.

Nach seinem Ausscheiden bei BIP drehte Hitchcock für den unabhängigen Produzenten Tom Arnold einen Musikfilm, seinen einzigen, ›Waltzes from Vienna‹. Montage und Musik, erklärte er einem Interviewer, müßten einander ergänzen, um dem Kino Tempo und Atmosphäre mitzuteilen. Die jüngsten Russenfilme zeigten, daß bei nicht gewaltgeladenen Sujets Musik der Montage aufhelfen müsse. Die Geschichte von Johann Strauss Vater und Sohn benutzte er, um den tonfilmspezifischen Einsatz von Musik zu exemplifizieren. Der Rhythmus der Geräusche beim Brötchenbacken, wenn die Bäcker den Teig schlagen, wenn die Semmeln in Körbe fallen, inspiriert »Schani« Strauss, den Jüngeren, zur ›Blauen Donau‹.

Dessen Darsteller, der hübsche Esmond Knight (Hitchcock verspottete ihn gern als »the quota queen«), erinnert sich, wie Hitchcock während der Dreharbeiten jammerte: »Ich hasse dieses Zeug. Melodramen sind das einzige, was ich kann.«

John Grierson: Hitchcock ist der beste Regisseur, der geschickteste Handwerker, der schärfste Beobachter und der größte Meister der Detailbeobachtung in ganz England. Daran besteht kein Zweifel ... Doch bei all diesen Vorzügen ist Hitchcock nicht mehr als der Welt bester Regisseur unbedeutender Filme. Keiner, den er gemacht hat, hat ein paar Monatsdutzende überstanden oder wird es tun – es sei denn, der Standard seiner Zufriedenheit würde radikal erschüttert und seine Talente gäben dann einen soliden Anlaß zur Begeisterung.   ›The New Clarion‹, 1930

Number Seventeen (Nummer siebzehn). Buch Alma Reville, A. H., Rodney Ackland n. d. Stück v. J. Jefferson Farjeon. Kamera John J. Cox. Bauten C. Wilfred Arnold. Mit Léon M. Lion (Ben), Anne Grey (Nora Brant), John Stuart (Detective Barton), Donald Calthrop (Brant), Ann Casson (Miss Ackroyd)

Waltzes from Vienna. Buch Alma Reville, Guy Bolton n. d. Stück v. A. M. Willner, Heinz Reichert u. Ernst Marischka. Kamera Glen McWilliams. Bauten Alfred Junge, Oscar Werndorff. Mit Jessie Matthews (Resi), Esmond Knight (Schani Strauss), Frank Vosper (der Graf), Edmund Gwenn (Johann Strauss d. Ä.)

... zum »Master of Suspense«

Während der Dreharbeiten zu ›Waltzes from Vienna‹ in Shepherd's Bush bekam Hitchcock Besuch von Michael Balcon, seit 1931 Produktionsleiter von Gaumont-British, die 1927 durch den Zusammenschluß des englischen Zweigs der alten französischen Gesellschaft mit zwei anderen Verleihfirmen und zwei Kinoketten zustande gekommen war und kontrolliert wurde von der Metropolis and Bradford Trust Company, im Besitz teils der Bankiers-Brüder Ostrer, teils von 20th Century-Fox.

Balcon bot Hitchcock die Chance, der er nach dem Scheitern seiner BIP-Karriere dringend bedurfte. »Michael Balcon kommt das Verdienst zu, daß er mich erst als Regisseur lanciert und dann ein zweites Mal hat debütieren lassen.« Der Wechsel bedeutete nicht nur den von einer Firma zur anderen, sondern auch die Eingliederung in ein anderes Produktionskonzept.

Nach Fehlschlägen mit ein paar Prestigeprojekten hatte sich Maxwells BIP auf Filme mit kleinem bis mittlerem Budget für den einheimischen Markt konzentriert, die sicheren, wenn auch nicht sensationellen Erfolg versprachen. Balcons Programm bei Gaumont-British war dagegen die Pflege von qualitäts- und anspruchsvoller, auch exportreifer Unterhaltung. Er bemühte sich um Coproduktionen mit der UFA und amerikanischen Partnern und engagierte Hollywood-Schauspieler und -Regisseure. Bis zu 26 Filme entstanden so unter seiner Ägide jährlich zwischen 1931 und 1936 in Shepherd's Bush und Islington.

Es gibt keinen Grund, sich unter den zahlreichen ausgezeichneten Kommentaren (kein anderer Filmautor hat so viele Untersuchungen veranlaßt) für oder gegen diejenigen zu entscheiden, die in Hitchcock einen tiefgründigen Denker oder bloß einen großen Unterhalter sehen.

Jacques Deleuze, ›Das Bewegungs-Bild. Kino 1‹

Thrills and Laughter

Im nachhinein sieht es aus, als ginge die Karriere des »Master of Suspense« auf ein gemeinsames Projekt des Regisseurs und seines Produzenten zurück. Tatsächlich annoncierte Gaumont-British aber zunächst ein weiteres Hitchcock-Musical – das dann von Maurice Elvey realisiert wurde –, und den Plan zu seinem ersten Agenten-Thriller hatte Hitchcock mit Charles Bennett schon bei BIP entwickelt, dann Maxwell (für 250 Pfund) ab- und Balcon (für 500 Pfund) weiterverkauft.

Die erste, englische Fassung von ›The Man Who Knew Too Much‹ war inspiriert von Bulldog Drummond, einem »sportsman and gentleman«, Zentralfigur einer Krimi-Reihe von »Sapper« (eigentlich Herman Cyril McNeile). Hitchcock und Bennett spalteten sie auf in ein Paar; den Gentleman-Aspekt verkörpert der Ehemann, Bob Lawrence, den sportlichen Jill, seine Frau, eine geübte Karabinerschützin.

Hitchcock will durch die Erinnerung an seine Flitterwochen und den Kontrast zwischen Schweizer Schnee und Londoner Nebel zu dem Film angeregt worden sein. »Manchmal nehme ich zuerst einen Hintergrund her und denke mir dann die Handlung dazu.« Wieder ein Ferienfilm. Er beginnt heiter. Bei den »Meistern der modernen Bühne«, Barrie und Pinero, habe er gelernt, den Grund zu einer ernsthaften Verwicklung in einem komischen ersten Akt zu legen; »in einer heiteren Umgebung bricht das Drama unerwartet und deshalb um so effektvoller herein«.

Während eines Balles wird ein französischer Hotelgast erschossen, sterbend verrät er dem englischen Paar einen in London geplanten Mordanschlag auf einen ausländischen Politiker. Um sie zum Schweigen zu bringen, kidnappen die Verschwörer die kleine Tochter der beiden; die müssen sich selbst an die Verfolgung der Übeltäter machen.

The Man Who Knew Too Much. Buch A. R. Rawlinson, Edwin Greenwood, Emlyn Williams n. e. Idee v. Charles Bennett u. D. B. Wyndham-Lewis. Kamera Curt Courant. Bauten Alfred Junge. Musik Arthur Benjamin. Mit Leslie Banks (Bob Lawrence), Edna Best (Jill Lawrence). Peter Lorre, Pierre Fresnay, Nova Pilbeam

Bogdanovich: Sie haben gesagt, Sie konnten sich früher mehr leisten als heute; was meinen Sie damit? *Hitchcock:* In der Zeit um 1935 konnte man dem Publikum mehr zumuten, die Filme waren damals voller Phantasie, und um Logik oder Wahrheit brauchte man sich

Das Attentat soll in der Albert Hall stattfinden, während eines Konzerts. Wie in ›Blackmail‹ die Szene im British Museum entstand die Albert-Hall-Sequenz mit Hilfe des Schüfftan-Verfahrens: Diapositive von Fotos des leeren Saals, mit hineingemalten Zuschauern, wurden am Ort des Geschehens auf einen Spiegel projiziert, in dem freigeschabte Stellen – in der Perspektive deckungsgleich Spiegelbild und reale Szenerie – exakt begrenzte Durchblicke eröffneten auf Logen und Bühne mit darin real agierenden Personen. So schnurrt die rasante bricolage der Sequenzen- und Einstellungsfolge (im russischen Stil) zusammen in einem Stück filmischer Trompe-l'œil-Malerei (im deutschen Stil).

Die Schlacht am Ende erinnert an die berühmte Schießerei, die sich die Houndsditch-Anarchisten 1911 in der Sidney Street im Londoner East End mit der Polizei unter der Führung des damaligen Innenministers Winston Churchill lieferten, zugleich aber auch an Fritz Langs Mabuse-Filme und ›Spione‹.

25 Straßenschlacht im East End

nicht sehr zu kümmern. Als ich nach Amerika kam, war das erste, was ich lernen mußte, daß das Publikum mehr Fragen stellte ... Im ersten ›Man Who Knew Too Much‹ springen die Figuren von einem Ort zum anderen – plötzlich ist man in einer Kapelle, und es gibt alte Damen mit Kanonen – und es störte niemanden. Man sagte sich: Eine alte Dame mit einer Kanone – das ist doch amüsant! Wenn einem die Idee gefiel, so verrückt sie war: So machen wir's! Damit könnte man in Amerika nicht landen.
›Who the Devil Made It‹

Wie ›The Lodger‹ mußte ›The Man Who Knew Too Much‹ sich mit Hilfe der Kritik gegen die Branche durchsetzen, als zweiter Teil in einem Double-feature-Programm, zu einem Festpreis an die Kinos vermietet, statt der bei »seriösen« Filmen üblichen Beteiligung am Einspielergebnis.

Sechs Thriller, fünf davon Spionage- und Agentenfilme, drehte Hitchcock in ununterbrochener Folge in den Vorkriegsjahren in London, vier zwischen 1934 und 1936 für die Gaumont-British unter Balcons und Ivor Montagus Produktionsleitung, zwei weitere 1937 und 1938 für Balcons eigene Gainsborough.

Das Genre bildet einen festen Bestandteil der britischen Produktion der Vorkriegszeit; regelmäßig wurden jährlich 40 Kriminalfilme gedreht, darunter in zunehmender Zahl, ein Reflex der drohenden Kriegsgefahr, Spionagefilme. Quellen waren die patriotischen Spionageromane des schottischen Geschäftsmannes und späteren Generalgouverneurs von Kanada, John Buchan, crime mysteries von Edgar Wallace, Saxe Rohmer (›Fu Manchu‹) und »Sapper«, viele mit offen xenophober, ebenso deutschfeindlicher wie antisemitischer Tendenz. Hitchcock benutzt die Stereotypen ironisch und mischt dem Thriller Elemente aus Lustspiel und Liebesroman unter.

Britische Filme seien monoton, beklagte er sich 1934 (»›Stodgy‹ British Pictures«), Drama und Komödie immer säuberlich getrennt. Dagegen die Amerikaner: »Meister in der Kunst, von Ernst auf Frohsinn umzuschalten … Oder schaun Sie, was auf der Bühne passiert. Der erste Akt von ›The Last of Mrs. Cheney‹ ist eine Komödie, die sich im zweiten zu einem Drama entwickelt und im dritten als reine Farce endet.«

Das ist der große Unterschied zwischen Suspense und Überraschung: eine Überraschung mag uns einen zehn Sekunden anhaltenden Schock bescheren; beim Suspense hat man soviel Zeit, wie man will, weil man das Publikum mit der ganzen Information ausgestattet hat. Mein altes Beispiel mit der Bombe: Die Bombe ist unterm Tisch, geht hoch, beschert dem Publikum einen Schock für zehn Sekunden. Erzählt man ihnen fünf Minuten vorher, daß sie hochgehen wird, hat man Suspense. Ein großer Unterschied. Deshalb mache ich mir auch nichts aus Whodunits. Es steckt keine Emotion im Whodunit. Man ist gespannt: Ist es der Butler oder wer sonst? Gibt man ihnen aber von Anfang an alle Information, so fragen sie sich: Wie werden sie rausfinden, daß er es ist? Es ist ein eher intellektuelles Vergnügen, das ihnen geboten wird.   *Rear Window«, in: ›Take One‹, 1968*

Hitchcocks Filmen der Gaumont-British-Periode ist weniger das Thema gemein als das Gemenge disparater Genre-Elemente. »Ein purer Zufall«, resümiert er 1936 (›My Screen Memoirs‹), habe es gefügt, »daß drei meiner Filme in Folge von Spionage handeln, aber kein solcher Zufall ist es, daß es allesamt Thrillerkomödien sind. Wenn ich einen Film mache, ist mein ganzer Ehrgeiz darauf gerichtet, daß meine Geschichte keinen Augenblick stillsteht. Deshalb halte ich immer Ausschau nach einem Sujet, das voller Aktion ist. Die Komödie führe ich selber ein.«

Der Zuschauer und sein Double

Von einem Film des Sextetts zum anderen wechselt die Mischung der Stimmungen und Genreelemente. In ›The Man Who Knew Too Much‹ schlagen Spannung und Komik auf überraschende, die Erwartungen des Zuschauers immer wieder unterlaufende Weise eins ins andere um. ›The 39 Steps‹ ist weniger provokativ, die Handlung ein Spiel mit durchschaubaren Regeln. Der Film, die sehr freie Bearbeitung eines Buchan-Romans aus dem Jahr 1915, war der erfolgreichste der Reihe.

Jose Luis Borges 1936 in seiner Kritik des Films: Hitchcock habe »Episoden hinzuerfunden ... Glücksmomente und Streiche eingebaut, wo im Original der blanke Heroismus herrschte ..., ein gutes und gänzlich unsentimentales *erotic relief* eingeschoben«. Der Film beginnt und endet auf Theater-, auf Varietébühnen. Richard Hannay (Robert Donat) wird vorgestellt als Besucher einer Music-Hall, und der episodische Verlauf des Filmgeschehens ähnelt der populären Spektakelform mit ihren locker und willkürlich verbundenen Nummern.

The 39 Steps (Die 39 Stufen).Buch Charles Bennett, Alma Reville, Ian Hay n. d. Roman v. John Buchan. Kamera Bernard Knowles. Bauten Otto Werndorff. Musik Louis Levy. Mit Robert Donat (Richard Hannay), Madeleine Carroll (Pamela), Lucie Mannheim (Annabella Smith), Godfrey Tearle (Professor Jordan), Helen Haye (Mrs. Jordan), Peggy Ashcroft (Margaret Crofton), John Laurie (Crofton, der Farmer), Wylie Watson (Mr. Memory)

Eine Frau bittet Hannay um Hilfe, eine Ausländerin (Lucie Mannheim), die vorgibt, einem feindlichen Agentenring auf der Spur zu sein, und sich von ihm verfolgt wähnt. Die Organisation, die »39 Stufen«, sei dabei, ein wichtiges Staatsgeheimnis außer Landes zu bringen. In Hannays Wohnung wird die Frau ermordet. Er kann dem Tatverdacht nur entkommen, indem er selbst den Hinweisen folgt, die sie ihm gegeben hat.

Der Schrei der Zimmerwirtin, die die Leiche findet, geht über in den Pfiff des Flying Scotsman, der ihn in den Norden bringt; die Fahrt führt ihn schnell ins schottische Hochland, in Polizeigewahrsam und die Gefangenschaft der fremden Agenten. »Was mir gefiel, waren die plötzlichen Umschwünge ... Wie Donat mit einer Handschelle am Gelenk aus dem Fenster des Polizeireviers springt und sofort in eine Heilsarmeekapelle gerät, in eine Seitengasse rennt und in einen Saal kommt. ›Gottseidank, daß Sie da sind, Herr Soundso,‹ sagt jemand, und schon steht er an einem Rednerpult ...«

Das Geheimnis hat die Bande deponiert im Kopf eines Gedächtniskünstlers, Mr. Memory. Borges: »eine überaus liebenswerte Figur«, ein Mann, der »ein schwerwiegendes Geheimnis nur deshalb aufdeckt, weil ihn jemand danach fragt und weil seine Rolle in diesem Augenblick darin besteht, eine Antwort zu geben«. Von Hannay bei seinem Auftritt im Palladium befragt, was es mit den 39 Stufen auf sich hat, schickt er sich an, seine Auftraggeber preiszugeben und wird von ihnen liquidiert, was dann aber zu ihrer Entlarvung führt.

26 »... und schon steht er an einem Rednerpult« und hält eine ziemlich linke Rede. Meint Hannay, was er sagt, oder rettet er nur seine Haut? Und Hitchcock?

Anders als der Mieter setzt Hannay dem Wunsch des Zuschauers nach Identifikation keinen Widerstand entgegen.
Als Kanadier ist er wohl Brite, aber nicht lokalisierbar in der
englischen Klassengesellschaft, ohne Vergangenheit, Beruf, Familie, Charakter. Das perfekte Double des Kinozuschauers,
schlüpft er in jede Rolle und Maskerade, identifiziert sich mit
jeder – wie der Zuschauer sich mit ihm. In Umrissen ist
Robert Donat schon die Cary-Grant-Figur der vierziger und
fünfziger Jahre.

Die Verfolgung/Flucht ist auch Initiationsreise eines Paares. Hannay gerät unentwegt in zweideutige Situationen. Die
ihm unbekannte Pamela (Madeleine Carroll) nimmt er im
Zug, damit die Polizeistreife sie für ein Paar hält, in den Arm
und küßt sie, was sie nicht hindert, ihn erst mal zu denunzieren. Später, in Handschellen an ihn gefesselt, ergreift sie für
ihn Partei. Eine Bäuerin rettet Hannay vor der Anzeige durch
ihren bigotten Mann und riskiert dessen Schläge. Überhaupt
sind es vor allem Frauen, die sich engagieren; sie handeln
selbständig und sind dabei immer vom Anspruch der Männer
bedroht. Sie sind die schwache Stelle der männlichen Kollek-
tive, der Spionage- und Gegenspionageringe, denen in ihnen
heimlich ein unorganisiertes weibliches entgegentritt.

MacGuffin ist eigentlich ein Spitzname für etwas, das in Spionagegeschichten passiert. Papiere, die gestohlen wurden. Es ist etwas, was für die
Figuren der Handlung von großer Bedeutung ist, aber nicht besonders
wichtig für's Publikum. Der Plan eines Forts oder sonstwas in der Art.
Bei Rudyard Kipling ist es immer der Khyber-Paß und die Forts drum
herum. Vor Jahren habe ich einen Film gemacht, ›The 39 Steps‹, und jemand
sagte: Was suchen die Spione eigentlich – es ging darum, daß irgendein
Abrakadabra … Es war eine Flugzeugfabrik oder eine Bombenluke oder
sonstwas. Tatsächlich lehne ich es ab, etwas zu nehmen, wovon die meisten
denken würden, daß es sehr wichtig wäre. In dem Film ›North by Northwest‹ spricht Cary Grant von dem Schurken oder dem Spion und fragt die
CIA-Leute: »Wo ist der Bursche denn eigentlich hinterher?« Und die antworten: »Na, sagen wir, es geht um Import-Export.« Und Grant sagt: »Aber
wovon?« Und die antworten: »Von Regierungsgeheimnissen.« Mehr
braucht man nicht. Das Wort MacGuffin kommt von einer Geschichte in einem englischen Zug. Da sagt einer zu einem anderen: »Was ist das für ein
Paket im Gepäcknetz über ihrem Kopf?« »Oh«, sagt der, »das ist ein Mac-
Guffin.« Der erste sagt: »Na, und was ist ein MacGuffin?« »Ein Apparat,
um Löwen zu fangen im schottischen Hochland.« Sagt der andere: »Aber es
gibt keine Löwen im schottischen Hochland.« Antwort: »Dann ist es auch
kein MacGuffin.« *»On Style«, in: An Interview with ›Cinema‹, 1963*

Im Schlußbild finden sich die Hände der Liebenden – an seinem Handgelenk baumelt noch immer eine Handschelle.

Den Erfolg, den er mit zwei auf *low-brow*-Romanen basierenden Filmen errungen hatte, setzte Hitchcock aufs Spiel mit zwei weiteren, noch brüchigeren Werken von *middle-brow*-Autoren, Somerset Maugham und Joseph Conrad. Anders als die Paare in ›The Man Who Knew Too Much‹ und ›The 39 Steps‹ machen die von ›Secret Agent‹ und ›Sabotage‹ sich dem Zuschauer verdächtig und unterminieren sein Vertrauen in das ganze Genre.

In ›Secret Agent‹ wird der Held mit einer patriotischen Mordmission betraut, die zwar nicht sein Gewissen, wohl aber seine Nerven überfordert. Eine ernste Ausgangssituation – die Trauerfeier für einen toten Offizier – kippt gleich um ins Makaber-Komische: der einarmige Diener steckt sich am Kandelaber eine Zigarette an, rafft den Union Jack vom Sarg, der ihm entgleitet und sich öffnet, er ist leer.

Der angeblich Tote, Edgar Brodie (John Gielgud), wird vom Intelligence Service als »Richard Ashenden« in die Schweiz geschickt, um einen deutschen Geheimagenten zu liquidieren. Ihm gesellen sich zu: eine ihm als Ehefrau beigegebene und auch bald in ihn verliebte abenteuerlustige Engländerin (Madeleine Carroll), deren amerikanischer Verehrer (Robert Young) und ein komischer Südländer (Peter Lorre), Killer und Doppelagent. Wegweisend für seine weiteren Filme spielt Hitchcock mit Klischees, aus denen der Ort der Handlung sich zusammensetzt: »Ich sagte mir: Ich gehe in die Schweiz. Was gibt's in der Schweiz? Seen, Alpen, Schokoladenfabriken – das werden wir alles einarbeiten ...«

Die Schokoladenfabrik ist das feindliche Spionagezentrum. Von Anfang an sind die Deutschen über jeden Schritt der

Secret Agent (Geheimagent).
Buch Charles Bennett, Ian Hay, Jesse Lasky, Jr. n. Campbell Dixon u. William Somerset Maugham. Kamera Bernard Knowles. Bauten Otto Werndorff. Mit John Gielgud (John Brodie), Madeleine Carroll (Elsa), Peter Lorre (der »General«), Robert Young (Robert Marvin)

27 Die traurigen Sieger: Madeleine Carroll, John Gielgud, Peter Lorre. Tot: Robert Young, der amerikanische Verräter.

Engländer informiert und machen diese einen Fehler nach dem anderen. Einen Verdächtigen, einen mit einer Deutschen verheirateten Landsmann, läßt Brodie durch seinen Assistenten umbringen. Das ist ihm schon peinlich genug, aber dann stellt sich auch noch heraus, daß der wirkliche Feindagent Elsas Verehrer ist. Da vergeht auch ihr die Lust am Töten. In Brodie erwacht das Pflichtgefühl, aber ihr sind die Toten auf dem Schlachtfeld, die sein Ausstieg zur Folge hätte, egal. Am Ende kommt der Verräter ohne Zutun der Helden ums Leben.

Durch die Entlarvung des Amerikaners als deutscher Agent mußte das englische Publikum von 1936 sich doppelt düpiert fühlen: in seinem Vertrauen in den Blutsverwandten und Alliierten wie in seiner Zuneigung zu dem von Balcon geheuerten Gast-Star, dem jugendlichen Liebhaber Robert Young. Der gibt im Film Hollywood als seinen Wohnsitz an.

Rückblickend übte der Spielverderber Selbstkritik: »Ein Mißerfolg, weil es die Geschichte eines Mannes war, der etwas nicht tun wollte ... Das Publikum konnte sich mit einer so ge-

---

Ich möchte dem Publikum heilsame moralische Schocks versetzen. Die Zivilisation nimmt uns heute so in Obhut, daß es nicht mehr möglich ist, sich instinktiv eine Gänsehaut zu besorgen. Der einzige Weg, unsere Erstarrung zu lösen und unser moralisches Gleichgewicht wiederherzustellen, besteht darin, diese Schocks künstlich hervorzurufen. Das geeignetste Mittel, das zu erreichen, scheint mir das Kino zu sein.

Truffaut/Hitchcock

28 Hitchcocks deutsche Set-Designer, Junge und Werndorff. Das alte London in ›Sabotage‹, ein Vogelgeschäft, entworfen von Otto Werndorff. Federzeichnung und Gouache auf Karton

brochenen Figur nicht identifizieren. In einem Abenteuerfilm muß die Hauptperson ein Ziel haben.«

Einen noch flagranteren Regelverstoß leistet sich Hitchcock in seinem nächsten Film ›Sabotage‹, nach Joseph Conrads ›The Secret Agent‹. Im Mittelpunkt steht wieder ein Agent, diesmal der einer feindlichen Macht in London, kein Spion, ein Saboteur – sein Auftraggeber könnte ein in Deutschland zur Macht gelangter, nun nach der Herrschaft auch über England strebender Dr. Mabuse sein. Wie Brodie/Ashenden ist er selbst Gefan-

Sabotage. Buch Charles Bennett, Alma Reville, Ian Hay, Helen Simpson n. d. Roman ›The Secret Agent‹ v. Joseph Conrad. Kamera Bernard Knowles. Bauten Otto Werndorff, Albert Jullion. Mit Sylvia Sidney (Mrs. Verloc), Oscar Homolka (Verloc), John Loder (Ted), Desmond Tester (Stevie)

gener der Verschwörung, an der er teilhat, »ein negativer Held nicht nur, sondern ein negativer Schurke« (Raymond Durgnat).

Verloc (Oscar Homolka) hat sich der ebenfalls heimatlosen jungen Amerikanerin (Sylvia Sidney) und ihres Bruders angenommen. Notgedrungen schickt er diesen mit einer Zeitbombe los; der Junge verspätet sich, die Bombe explodiert unterwegs im Bus und zerreißt ihn. Ein schlimmer Fehler, gestand Hitchcock seinem Interviewer Truffaut. Der fand es auch »sehr problematisch, in einem Film ein Kind sterben zu lassen. Das grenzt schon an Kinomißbrauch.«

Die Wohnung der Verlocs liegt hinter dem Kino, das er betreibt. Der Weg von und nach draußen führt am Publikum vorbei und hinter der Leinwand her. Wie in ›The Secret Agent‹ die Schweizer Schokoladenfabrik ist hier das Kino nicht nur Handlungsort, es spielt mit. Nach Stevies Tod fällt der Blick seiner Schwester auf die Leinwand, wo gerade Walt Disneys ›Who Killed Cock Robin?‹ zu sehen ist. Für einen Augenblick ist sie gebannt. Sie lacht!

Wer ihren kleinen Bruder auf dem Gewissen hat, bleibt Mrs. Verloc nicht lange verborgen, und sie tötet den Mörder. Nicht als von ihr bewußt vollzogen erscheint ihre Tat, sondern wie eine von dem Paar gemeinsam ausgeführte Handlung, in der ihrer beider Impulse sich treffen, und als führten die Hände der Frau das Messer unter dem Diktat eines anonymen Dritten. Des Regisseurs? Des Zuschauers? Gottes?

Am Ende wird die Tat, wie die von Alice in ›Blackmail‹, gedeckt durch einen Mrs. Verloc länger schon zugetanen Polizisten, Ted. Eine weitere Explosion kommt dem Paar zustatten, beseitigt alle Tatspuren, gibt ihnen den Weg frei zum Eheglück und läßt auch den Zuschauer straffrei ausgehen.

Ich gehöre zu der *Ein Mann kommt durch die Tür. Wie?*-Schule der Dramaturgie. Also ein Mann betritt einen Raum, kommt einfach so rein. Ein anderer ist schon da. Dann etwas Small talk. »Wie geht's?« »Danke, gut.« Solche Sachen. Dann sagt der zweite: »Tun Sie doch bitte die Türklinke zurück«, und man sieht, daß bei dem Small talk der Besucher die Türklinke an sich genommen hat. Zuerst lacht man, dann fragt man sich, wie der Mann so zerstreut sein konnte, daß er nicht gemerkt hat, daß er die Türklinke in der Hand hat ...

Den Film im Kopf

Während seiner Gaumont-British-Jahre ging Hitchcock dazu über, jeden seiner Filme genau vorzuplanen. Das Exposé entwarf er zusammen mit seiner Frau und Charles Bennett, zuweilen auch Ivor Montagu, der schon in der Zeit bei Gainsborough seine Zwischentitel redigierte und als Ausführender Produzent für die vier Gaumont-British-Produktionen zeichnete. Daraus wurde ein Treatment von 60 bis 70 Seiten entwickelt, noch ohne Dialog, der bei Spezialisten, den Romanciers Ian Hay und Helen Simpson oder dem Dramatiker Gerald Savory, in Auftrag gegeben wurde. Die Londoner Schauplätze von ›The Man Who Knew Too Much‹ und ›Sabotage‹ skizzierte Hitchcock selbst. Im Drehbuch wurde jede Einstellung auch graphisch fixiert.

Zu seinen früheren Filmen ging Hitchcock jetzt auf Distanz. Technische Spielereien, verrückte Tricks, wilde Schnitte, Überblendungen, Reißschwenks, was die Kritik »Hitchcock touches« nannte, damit habe er jetzt nichts mehr im Sinn. »Ich wünsche mir meine Leinwand gut genutzt, jede Ecke ausgefüllt, aber ohne geistvolle Kunstgriffe, die die Handlung aufhalten. Schnitt und Umbruch sollen so unauffällig wie möglich sein« (›Close Your Eyes and Visualise‹).

Mitte der dreißiger Jahre zeichneten sich zunehmend negative Konsequenzen des britischen Filmgesetzes ab, vor allem Überproduktion und mangelnde Exportfähigkeit. Gaumont-British hatte seinen Aktionären immer schon nur eine geringere Dividende zahlen können als BIP, als 1936 gar keine anfiel, revoltierten die Aktionäre. Kurz nach Fertigstellung von ›Sabotage‹ veranlaßte der Bankier Isidore Ostrer die Schlie-

---

Regie. Ich habe nichts dagegen, mit langen, nicht unterbrochenen Aufnahmen zu arbeiten; man kann es nicht ganz vermeiden, und etwas Abwechslung bekommt man, wenn man zwei Kameras laufen läßt, eine näher, die andere weiter weg, und beim Schnitt zwischen beiden wechselt. Aber wenn ich eine lange Szene kontinuierlich aufnehmen muß, habe ich immer das Gefühl, daß sie mir entgleitet, vom filmischen Gesichtspunkt aus. Die Kamera, kommt mir dann vor, steht einfach nur rum, in der *Hoffnung*, etwas von visuellem Interesse zu erwischen. Lieber würde ich immer nur die kleinen Stücke einer Szene fotografieren, die ich brauche, um eine visuelle Sequenz aufzubauen. Ich möchte meinen Film auf der Leinwand

ßung des Ateliers in Shepherd's Bush; ein paar Filme sollten noch in den alten Islington-Studios hergestellt werden, der Konzern sich im übrigen auf den Verleih beschränken. Balcon wurde entlassen, ebenso Montagu, der sich ganz vom Spielfilm absetzte, und Bennett, der nach Hollywood ging.

Hitchcock: »Es war wie Weihnachten, nur ohne Besäufnis.«

Hitchcock drehte noch zwei Filme für Gainsborough, die von Gaumont-British verliehen wurden. Nachdem er mit literarisch anspruchsvolleren Vorlagen die Publikumsgunst riskiert hatte, nahm er Zuflucht zu eher populären Stoffen.

Der Schauplatz einer zentralen Szene von ›Young and Innocent‹ wird als Modell eingeführt: eine kleine Stadt, der Bahnhof, ein durchfahrender Zug, Spielzeugfiguren. Der Film ist überhaupt ›The 39 Steps‹ *en miniature*: auf kleinerem Raum, in kürzerer Zeit und reduziertem Tempo, mit jüngerer Besetzung; selbst »ein Kinderspiel [wird] für Suspense gebraucht«: Blindekuh bei einer Geburtstagsparty.

Wieder wird der Held eines Mordes verdächtigt, glaubt die Polizei ihm nicht, muß er sich selbst auf die Suche nach dem Täter machen. Als niemand ihm glauben will, schaut Robert groß in die Kamera. Er gewinnt Mitleid, Gunst und Hilfe Ericas, der Tochter des regionalen Chef-Konstablers. Das Opfer ist mit dem Gürtel von Roberts Trenchcoat erdrosselt worden; der war ihm gestohlen worden; der Dieb hat ihn einem alten Vagabunden geschenkt, gürtellos – also muß der Dieb der Mörder sein. Zu zweit finden Robert und Erica den Vagabunden, zu dritt den Dieb und Mörder. Die Polizei macht nicht nur keine Anstalten, den wirklichen Täter zu finden, sie versagt auch bei der Behinderung der Aufklärung durch die drei Amateur-

zusammensetzen, nicht einfach etwas fotografieren, das in der Form eines langen Stücks Bühnendarstellung schon komponiert vorliegt. Das ist es, was das Bild lebendig macht – das Gefühl, daß, wenn man es auf der Leinwand sieht, man etwas anschaut, das in visuellen Begriffen konzipiert und zustande gekommen ist. Die Leinwand sollte ihre eigene Sprache sprechen, frisch geprägt, und das kann sie nur, wenn sie eine gespielte Szene als ein Stück Rohmaterial behandelt, das aufgebrochen, zerstückt werden muß, ehe man es zu einem expressiven Bildmuster verweben kann.

»Direction«, in: ›Footnotes to the Film‹, 1937

29 Travelling vorwärts. Die Kamera auf dem Kran auf dem Dolly, im Ballsaal des Hotels an der Küste.

detektive. In Ericas defektem Oldtimer zuckeln sie hin und her zwischen den Käffern eines sonnigen Küstendistrikts, zwischen Landstreicherasyl, Fernfahrerkneipe und bürgerlichem Kindergeburtstag – Anlässe zu artiger Typenkomik.

Die Spur des Täters führt die drei zum Tanztee des lokalen »Grand Hotel«; aus der Totale der Halle, aus der Vogelperspektive, gleitet die Kamera langsam hinüber zum Ballsaal, über die Köpfe von Teetrinkern und Tänzern weg auf die Bühne zu, näher auf die Band, ganz nah auf den Schlagzeuger, groß auf sein Gesicht, bis sein Auge die Leinwand füllt und zu zucken beginnt – das Indiz, daß er der Gesuchte ist. Chabrol nannte sie »die schönste Kamerafahrt vorwärts der Filmgeschichte«. Hitchcock zu Bogdanovich: »Das hieß wirklich, das Publikum außer Gefecht zu setzen.« Ein auctorialer Willkürakt. Das Travelling entspricht keiner auch nur vorstellbaren personalen Wahrnehmung. Die »Kamera in Augenhöhe« ist für Hitchcock nur eine mögliche Option, keine Frage der Moral.

Die Geschichte von ›The Lady Vanishes‹ geht zurück auf einen Vorfall, der sich während der Pariser Weltausstellung von 1889 zugetragen haben soll. Hoteldirektion und Polizei haben angeblich, um eine Panik zu vermeiden, die Leiche einer an Cholera gestorbenen Engländerin spurlos verschwinden lassen. Die

---

Young and Innocent (Jung und unschuldig). Buch Charles Bennett, Edwin Greenwood, Anthony Armstrong, Gerald Savory n. e. Roman v. Josephine Tey. Kamera Bernard Knowles. Bauten Alfred Junge. Mit Derrick de Marney (Robert Fisdall), Nova Pilbeam (Erica Burgoyne), Percy Marmont (Colonel Burgoyne)

The Lady Vanishes (Eine Dame verschwindet). Buch Sidney Gilliat, Frank Launder n. e. Roman v. Ethel Lina White. Kamera John J. Cox. Musik Louis Levy. Mit Margaret Lockwood (Iris Henderson), Michael Redgrave (Gilbert), Dame May Whitty (Miss Froy), Paul Lukas (Dr. Hart), Googie Whithers (Blanche)

Frau lebte noch, als ihre Tochter zur Apotheke ging; bei ihrer Rückkehr war nicht nur die Mutter, sondern auch ihr Zimmer verschwunden, und niemand wollte sich ihrer erinnern. Bei der UFA nahm sich Veit Harlans Melo ›Verwehte Spuren‹ 1937 des Falles an, bei Gainsborough 1950 ›So Long at the Fair‹, Regie Terence Fisher. Cornell Woolrich inspirierte er zu ›The Phantom Lady‹, verfilmt 1943 von Robert Siodmak. Und als Fernsehproduzent griff Hitchcock selbst den Stoff noch einmal auf; die Tochter spielt in ›Vanishing Lady‹ Tochter Pat.

›The Lady Vanishes‹ verlegt die Geschichte in einen Zug, unterwegs irgendwo in Mitteleuropa, und macht aus der Mutter-Tochter-Beziehung eine Reisebekanntschaft. Miss Froy (Dame May Whitty) ist – was haben wir in England? – Gouvernante und Agentin des Intelligence Service. Bei einem Aufenthalt in einem Bergnest auf dem Balkan wird ihr, als Melodie kodiert, der Text eines Geheimvertrages zugespielt. Wie Mr. Memory in ›The 39 Steps‹ transportiert sie in ihrem Kopf den kryptischen Text. Während der Weiterfahrt verschwindet die alte Dame. Eine junge Dame, Iris (Margaret Lockwood), auf dem Wege nach London zu ihrem ungeliebten adligen Bräutigam, macht sich auf die Suche.

Im transsibirischen ›Blauen Expreß‹ von Leonid Trauberg repräsentierten 1929 Holz- und Polsterklasse den Klassenkampf. In Hitchcocks Reisegesellschaft von 1938 ist unschwer

… Ich bestehe also auf der Einheit seines Werks. Er stimmt mir ex negativo zu. Er verlange von einem Drehbuch nur, daß es in seinem Sinne (»my way«) vorgehe. Stecken wir einen Fuß in diese Tür! Gerade zu einer Definition dieses »way« will ich kommen. Hitchcock zögert nicht: Dabei handle es sich um ein bestimmtes Verhältnis zwischen Drama und Komödie. »Reiner Hitchcock« (sic) seien nur die Filme, in denen er mit dieser widersprüchlichen Beziehung habe spielen können … Ich wage das Wort Humor. Hitchcock akzeptiert das; was er zum Ausdruck bringen wolle, könne man wohl als eine Art von Humor bezeichnen, und spontan nennt er ›The Lady Vanishes‹, der seinem Ideal am nächsten komme. Folgt daraus, daß sein englisches Werk mehr »reiner Hitchcock« ist als sein amerikanisches? Zweifellos, allein schon deshalb, weil die Grundeinstellung der Amerikaner zu positiv sei, um Komisches zu akzeptieren. ›The Lady Vanishes‹ hätte er nie in Hollywood drehen können; nach Lektüre des Drehbuchs hätte der Produzent ihn sofort darauf hingewiesen, daß es unrealistisch wäre, mit einer alten Dame per Bahn zu schicken, wo ein Telegramm das doch schneller und sicherer besorgt hätte …

André Bazin, ›Hitchcock contre Hitchcock‹ (›Cahiers du Cinéma‹, 1954)

die politische Konstellation des zeitgenössischen Europas zu erkennen. Die Kidnapper und ihre Helfer weisen sich durch Namen und Akzente als Bürger der Achsenmächte aus; die meisten Engländer, darunter ein ehebrecherisches Paar und zwei schwule Cricketfans, sind erst mal für Appeasement und Nichteinmischung. Einen Bundesgenossen findet Iris in Gilbert (Michael Redgrave), Folkloreforscher und Klarinettist. Bei der finalen Schießerei erweisen sich die Schwulen dann doch als tapfere Kämpfer; nur der Ehebrecher, Richter von Beruf, zahlt für seinen feigen Pazifismus mit dem Leben.

Der Filmtitel ist mehrdeutig. Auf der Suche nach Miss Froy geraten Iris und Gilbert im Gepäckwagen des Zuges in das Spiegelkabinett von Signor Doppo – ein Spiel im Spiel, um On und Off, Montagezauber. Und nicht nur Miss Froy verschwindet. Mit Iris verschwindet ebenfalls eine Dame, und eine Frau kommt zum Vorschein. In Umkehrung der Konstellation von ›The 39 Steps‹ ist hier *sie* es, die *ihn* für das gemeinsame Abenteuer gewinnt. Iris ist auf ihrer Entjungferungsfahrt.

30 Eisenbahn paradox. Der Expreßzug steht, wird zur belagerten Insel, der Speisewagen zur Festungszelle. Die Ehebrecher, die schwulen Cricketfans, die alte und die junge Lady und der Musikethnologe. Amerikanisches Aushangbild der Vorkriegszeit.

1937 fuhren die Hitchcocks auf der Queen Mary zum erstenmal nach Amerika. In New York verhandelten sie mit Vertretern mehrerer Hollywood majors. MGM war bereit, 165 000 Dollar zu zahlen für vier Filme, die er in London drehen sollte, unter Balcons Produktionsleitung – Hitchcock aber lockte nicht MGM-Denham, sondern MGM-Culver City. Mehr Glück hatte er mit dem unabhängigen Produzenten David O. Selznick, dessen Bruder, den Agenten Myron Selznick, er schon in Islington kennengelernt hatte. 1938 war er wieder in den USA. Am 14. Juli schloß er mit Selznick ab.

Vor der Abreise hatte er noch eine früher eingegangene Verpflichtung zu erfüllen. Für Mayflower Pictures, die Firma von Erich Pommer, dem emigrierten einstigen UFA-Produzenten und Bekannten aus seiner deutschen Zeit, und dem Schauspieler Charles Laughton drehte er ›Jamaica Inn‹, einen Kostümfilm nach Daphne du Maurier.

Zwei scharf kontrastierende Schauplätze, zwei Häuser in einem einsamen Nest an der Küste Cornwalls: die düstere Kneipe des Anführers einer Bande von Strandpiraten und das propre Schloß eines angesehenen Landadligen und Friedensrichters, der in Wahrheit aber Auftraggeber der Banditen ist. Die verwaiste Nichte (Maureen O'Hara) der Frau des Adligen gerät in das Netz aus Täuschung und Verbrechen und wird gerettet durch einen jungen Mann, den *undercover agent* des Gesetzes in der Bande der Plünderer.

In der Vorlage wurde die Rolle des Adligen erst gegen Ende wichtig; da Laughton darauf bestand, nicht den Kneipenwirt, sondern den Friedensrichter zu spielen, mußte die Rolle ausgebaut und der Zuschauer von vornherein in dessen Geheimnis eingeweiht werden. Sonst hätte »Laughtons Äußeres dem Zuschauer gleich verraten: Der Butler ist der Mörder«.

Jamaica Inn (**Riff-Piraten**). Buch Sidney Gilliat, Joan Harrison, J. B. Priestley n. d. Roman v. Daphne du Maurier. Kamera Harry Stradling, Bernard Knowles. Bauten Tom Morahan. Mit Maureen O'Hara (Mary), Charles Laughton (Sir Humphrey Pengallan), Leslie Banks (Joss Merlyn), Robert Newton (Jeam Trehearne)

In Hollywood an langer Leine

Schon 1935 dachte Hitchcock laut darüber nach, was er tun würde, ›If I Were Head of a Production Company‹. »Ich hätte gern viel Platz ... Ich würde Dekorationen gern auf Dauer bauen ... Auch im Atelier zahlt Ellbogenfreiheit sich aus.« Zum Beispiel in Geiselgasteig, Babelsberg und Hollywood. »Soviel zur physischen Ellbogenfreiheit. Nun zur psychischen. Der Regisseur muß Spielraum haben ...«

Zwei Jahre später korrigiert er sich: ›Directors Are Dead‹. Der Regisseur ist tot, es lebe der Produzent! »Alles Übel kann zurückgeführt werden auf die Zersplitterung der Autorität. Heute hat es sich aber herumgesprochen, daß ein Mann am Ruder stehen muß. Dieser Mann muß der Produzent sein.« Und er nennt auch gleich, »als Beispiel«, David O. Selznick.

Sein Vertrag mit Selznick sah vor: 50 000 Dollar für den ersten Film, 2500 pro Woche; bei drei weiteren sollte die Gage sich jeweils um zehn Prozent erhöhen. Im Februar 1939 kündigte er die Mietwohnung in Kensington und verkaufte Winter's Grace, nur ein Nebengebäude behielt er und überließ es seiner Mutter. Am 1. März gingen die Hitchcocks, begleitet von Köchin, Dienstmädchen und zwei Hunden, in Southampton an Bord der Queen Mary; Ende April trafen sie in Los Angeles ein und mieteten eine möblierte Wohnung am Wilshire Boulevard, in den Wil-

> Hitchcocks Übersiedlung nach Hollywood ist wie die Haydns nach London: Zum ersten Mal stand ihm ein großes Orchester zur Verfügung.
> *William Rothmann*

31 **David Oliver Selznick** (1902–1965), Sohn eines Produzenten, 1926 von Louis B. Mayer engagiert, heiratete dessen Tochter Irene. 1927 zu Paramount, 1931 zu RKO, 1933 als Vizepräsident und Produktionschef – Stellvertreter und Nachfolger von Irving Thalberg – zurück zu MGM. 1936 Gründung von Selznick Inter-national. 1939 Produktion von ›Gone with the Wind‹. Spezialität: Romanverfilmungen und melodramatische Frauenfilme. »Entdecker« und Promoter von Ingrid Bergman, Vivien Leigh, Joan Fontaine und Jennifer Jones, seiner zweiten Frau. Betrachtete sich als den eigentlichen Schöpfer seiner Filme, Regisseure

shire Palms Apartments. »Was ich möchte, ist ein Heim, keine Filmdekoration mit Zentralheizung. Alles, was ich brauche, ist ein gemütliches kleines Haus mit einer gut eingerichteten Küche – zum Teufel mit dem Swimming-pool ...«

Im Oktober übersiedelte Carole Lombard zu Clark Gable auf dessen Ranch in Encino und überließ den Hitchcocks ihr Haus in Bel Air. Als sie 1942 bei einem Flugzeugunglück ums Leben kam, kaufte Hitchcock in der Nähe eins für 40 000 Dollar, Bellagio Road 10 957 – das blieb seine Adresse bis zum Schluß.

Selznicks erstes definitives Vorhaben mit Hitchcock – nach der Aufgabe eines Titanic-Projekts – liegt auf seiner Generallinie, die Verfilmung von Daphne du Mauriers ›Rebecca‹. Ein Frauenfilm und ein Hollywoodfilm à l'anglaise: englisches Sujet, englische Vorlage, englischer Regisseur, englische Schauspieler. Der Autorin versprach er, »to do the book« und kein »halb-originales Flickwerk wie ›Jamaica Inn‹«. Hitchcocks ersten Drehbuchentwurf verwarf er: Er vernachlässige die subtile weibliche Psychologie, die den Roman auszeichne und die das weibliche Publikum vom Film erwarte. Hitchcock, der gerade noch erklärt hatte, der Film werde »keine andere Persönlichkeit widerspiegeln als die meine«, fügte sich, hielt sich an Selznicks Vorgaben und ließ ihm den final cut.

Vorgestellt wird der Film, von der Stimme der Heldin, als Traum einer Frau: »Letzte Nacht träumte ich, ich kehrte zurück nach Manderley.« Die junge Waise (Joan Fontaine), Gesellschafterin einer älteren Amerikanerin, heiratet einen reichen Lord (Laurence Olivier) – eine Aschenbrödel-Geschichte. Was an der Riviera als Märchen beginnt, geht weiter in einem labyrinthischen Herrensitz, nicht in Frankenstein-Schwarz, sondern vorwiegend weiß, mehr Geister- als Horrorfilm. Maxim de Winter verfolgt die Erinnerung an seine erste, auf rät-

---

nur als Erfüllungsgehilfen (»Ich finde es leichter, anderer Leute Regie zu kritisieren, als selbst Regie zu führen«). Berühmt und berüchtigt seine (postum publizierten) ›Memos‹ – Spitzname »the great dictator«. Privat und als Produzent ein Spieler. Ruin mit ›Duel in the Sun‹. Letzter Film 1950.

> *Miss X*: »Mein Vater malte Bäume. Das heißt, es war ein Baum.«
> *de Winter*: »Sie meinen, er malte denselben Baum immer wieder?«
> *Miss X*: »Ja, sehen Sie, er hatte eine Theorie: Wenn man etwas Vollkommenes gefunden hätte, sollte man dabei bleiben. Finden Sie das sehr verrückt?«
> *de Winter*: »Nein, gar nicht.« *Filmdialog ›Rebecca‹*

selhafte Weise ums Leben gekommene Frau. Rebeccas Geist ist präsent in Bildern, Kleidern, Räumen. Und in der Erinnerung der Hausdame, Mrs. Danvers (Judith Anderson), die die junge Frau erst bevormundet und dann terrorisiert.

Schließlich kommt unter der Geisterstory ein Kriminalfall zum Vorschein. Maxim gesteht – das erste der großen, reinigenden Geständnisse in Hitchcocks Filmen: Er hat, weil er sich schuldig fühlte am Tod seiner Frau, deren Leiche im Meer versenkt und eine andere an ihrer Stelle beisetzen lassen. Rebecca hatte behauptet, ein Kind zu erwarten von einem anderen und war, als er wütend auf sie zutrat, tot zusammengebrochen. Nun wird ihre Leiche gefunden. Nachforschungen ergeben: Sie hatte Krebs und wollte, statt langsam dahinzusiechen, ihren ungeliebten Mann provozieren, sie zu töten. Manderley, von Mrs. Danvers in Brand gesetzt, sinkt in Trümmer.

Der Regisseur fand ›Rebecca‹ zu feminin, viktorianisch, humorlos, »a Brontë thing really«, »kein Hitchcockfilm«.

Rebecca (**Rebekka**). Buch Robert E. Sherwood, Joan Harrison u. a. n. d. Roman v. Daphne du Maurier. Kamera George Barnes. Bauten Lyle Wheeler. Musik Frank Waxman. Mit Laurence Olivier (Maxime de Winter), Joan Fontaine (Mrs. de Winter), George Sanders (Jack Favell), Judith Anderson (Mrs. Danvers)

32 Bilder in Hitchcocks Filmen – Agenten der Vergangenheit. Vor dem Bild von Maxims Ahnin: Mrs. Danvers und die junge Mrs. de Winter. Als die in Lady Carolines Kleid zum Ball erscheint, erregt sie damit den Zorn ihres Mannes, weil es ihn an Rebecca erinnert.

Internationale Spannungen

Die Abwicklung der Erfolge von ›Gone with the Wind‹ und auch von ›Rebecca‹ beschäftigte Selznick so, daß er sein Studio liquidierte. Drei Jahre lang produzierte er nicht, kaufte aber und verkaufte Filmstoffe, und wie seine Stars behielt er auch Hitchcock unter Vertrag und lieh ihn aus an andere Firmen. Für ein Projekt überließ er ihn dem unabhängigen Produzenten Wanger, dann für zwei Filme der RKO, für zwei weitere der Universal und für einen der Fox. Er zahlte Hitchcock die vereinbarten 2 500 Dollar wöchentlich und kassierte für ihn bei Wanger und RKO das Doppelte; als Universal und Fox 9 000 Dollar zahlten, hob er Hitchcocks Gage auf 3 000 an.

Walter Wanger hatte die Filmrechte an ›Personal History‹, dem autobiographischen Roman des Reporters Vincent Shean, schon 1936 erworben. Lange verweigerte die Bank of America einem Film, der die Deutschen verstimmen konnte, den Kredit.

›Foreign Correspondent‹ ist sicher nicht, wie Charles Higham (›Hollywood in the Forties‹) meint, Hitchcocks bester amerikanischer Film, vielleicht aber sein bester englischer, eine Verfolgungs-Geschichte auf der Linie von ›The 39 Steps‹ (das Drehbuch vom »Familientrust« Bennett/Harrison/Reville), Atlantik und Nordsee übergreifend, mit verschiedenen Flugzeugen und Schiffen als zusätzlichen Vehikeln.

Johnny Jones (Joel McCrea) ist kein zu Unrecht Verfolgter, Unschuldig-Schuldiger, sondern ein hemdsärmeliger New Yorker Reporter, von seinem Blatt nach Europa entsandt, um die Gefahr eines neuen Weltkriegs zu erkunden. Das Geschehen pendelt zwischen New York, London und Amsterdam. In London begegnet er einem holländischen Politiker (Albert Bassermann), der in seinem Kopf, wie Mr. Memory und Miss Froy, einen MacGuffin verwahrt: die Geheimklausel eines belgisch-

---

François Truffaut: Ich glaube, Mr.Hitchcock, Ihr Vorgehen ist antiliterarisch, ganz und gar filmisch, und was Sie anzieht, ist die Leere. Der Kinosaal ist leer, Sie wollen ihn füllen. Die Leinwand ist leer, Sie wollen sie füllen. Sie gehen nicht vom Inhalt aus, sondern vom Behälter. Für Sie ist ein Film ein Gefäß, das man mit visuellen Ideen füllt oder, wie Sie gern sagen, mit Emotionen auflädt.

Truffaut/Hitchcock

DIE SELZNICK-PERIODE (1939–1947)

niederländischen Beistandsvertrags. In Amsterdam wird er
Zeuge der Ermordung, wie er später erfährt: eines Doppelgängers des Holländers, die dessen Verschleppung kaschieren soll.
Die Kidnapper handeln im Auftrag der bewußten ausländischen Macht; als ihr Chef entpuppt sich ein prominenter Frie-
densapostel (Herbert Marshall), mit dessen ahnungsloser Tochter (Laraine Day) Jones sich verlobt. Beim Rückflug überm
Atlantik wird das Flugzeug von einem deutschen Schiff abge-
schossen. Der Chefagent – böser Nazi, guter Vater – opfert sich,
das Paar kehrt wohlbehalten nach London zurück.

Was gibt es in Holland? Fahrräder, Regenschirme, Wind-
mühlen. Jones fällt auf, daß sich die Flügel einer Windmühle
entgegen der Windrichtung drehen. Das muß ein Zeichen sein –
und tatsächlich: Es ist ein Signal der deutschen Agenten. Hitchcocks Helden sind große Zeichenleser; in seiner Welt funktioniert alles als Zeichen, und »diese Helden … werden nicht nur
von Affekten oder Gefühlen bewegt, sondern von einer Inter-
pretations-Lust, einem Entzifferungs-Fieber, das in ein Kon-
struktions-Delirium ausarten kann, das das Realitätsprinzip
außer Kraft setzt« (Jean Narboni, ›Visages d'Hitchcock‹).

Eine dichte Folge historisch-geographisch definierter Schauplätze, so perfekt miteinander verknüpft zu einem gongoristi-
schen Mäander wie später erst wieder in ›North by Northwest‹.
Kein Ort, wo die Aktion zur Ruhe käme, wo die Figuren nicht
von Entführung, Zusammenstoß oder Absturz bedroht wären,
verkehrsreiche Straßen und Plätze, Räume, die selbst in Bewegung sind, abstürzende Kabinen. Das Innere der Windmühle, in
deren Mahlwerk sich Jones' Trenchcoat verfängt, ist ein Piranesi-
scher Kerker. 1963 (›On Style‹) erinnerte sich Hitchcock: »Da
gab's mal einen – lebt er noch? William Cameron Menzies. Nein,
ich glaube nicht …« Menzies, Filmarchitekt, Ausstatter, Science-
fiction-Regisseur, zeichnet bei ›Foreign Correspondent‹ für special

Foreign Correspondent (**Mord,
Auslandskorrespondent**). Buch C.
Bennett, Joan Harrison u. a. Kamera
Rudolph Maté. Bauten William C.
Menzies, Alexander Golitzen. Musik
Alfred Newman. Mit Joel McCrea
(Johnny Jones), Laraine Day (Carol
Fisher), Herbert Marshall (Steven Fi-
sher), Albert Bassermann (Van Meer)

production effects. Was er unter production design verstand, exemplifizierte Hitchcock, bevor er auf ›North by Northwest‹ zu sprechen kam, an Menzies' Arbeit für ›Foreign Correspondent‹.

Wie die letzten Sekunden des Flugzeugabsturzes gemacht sind, hat er immer wieder gern erzählt. Kein Blick von draußen auf die Maschine. Aus dem Cockpit, zwischen Pilot und Copilot hindurch, nach vorn schauend, sieht man die Meeresoberfläche rasend schnell näher kommen – eine von einem Kunstflieger überm Pazifik geschossene Aufnahme, im Atelier projiziert auf die Rückseite einer Leinwand aus Reispapier, der Kabine gegenüber. Im Augenblick des simulierten Aufpralls zerreißt sie ein Wasserschwall, 20 Kubikmeter ergießen sich aus zwei Tanks; dann wird der Cockpit abgesenkt in ein Bassin und geflutet.

Während der Schlacht um England ließ Wanger von Ben Hecht einen bombastischen Appell verfassen und legte ihn Jones/McCrea in den Mund: Amerika, laß deine Lichter nicht ausgehn! »Vage genug, um Republikaner und Demokraten, Isolationisten und Interventionisten, Faschisten und Kommunisten zu begeistern.« (Andrew Sarris)

33 Im Inneren der Windmühle, Versteck und Kerker. Entwurf William Cameron Menzies, Ausführung Alexander Golitzen

Der erste RKO-Film ist eine Ehekomödie von Norman Krasna. ›Mr. and Mrs. Smith‹ (Robert Montgomery und Carole Lombard) erfahren, daß ihre Ehe eines Formfehlers wegen ungültig ist. Eine Folge lahmer Versuche, mal von seiner, mal von ihrer Seite, mal, die Beziehung zu reparieren, mal, sie definitiv zu lösen, schließt sich an, regelmäßig endend in Peinlichkeit. In dem kleinen Lokal in Greenwich Village, der Stätte ihrer früheren Rendezvous, ist nichts mehr wie früher. So schlecht sie jetzt in ihr Brautkleid paßt, so deplaziert wirken seine abgestandenen Komplimente. Es ist, als brächten die beiden die Komödie ihrer jungen Liebe in reiferem Alter noch einmal als Farce zur Aufführung.

Der Film gilt als mißglückte Screwball-Comedy und schwacher Hitchcock; er behauptete später, nur Carole Lombard zuliebe habe er die Regie übernommen, aber das hat wohl nicht gestimmt. Sujet und Schicksal des Films erinnern an ›Rich and Strange‹. Keinen Moment lang teilt sich dem Zuschauer eine Hoffnung mit auf Versöhnung der beiden einander überdrüssigen Partner. Der jähe, distanzierende Wechsel der Perspektiven läßt ihn nur an dem Spott teilhaben, mit dem die beiden einander bedenken.

›Suspicion‹ hat mit ›Rebecca‹ mehr gemein als das englische Milieu und Joan Fontaine in der Hauptrolle. Der Film beginnt mit einer natürlichen Aufblende; in einem Eisenbahnabteil wird es hell – der Zug kommt aus einem Tunnel –, und da ist Johnny Aysgarth (Cary Grant in seiner ersten Hitchcock-Rolle) plötzlich in Linas Abteil. Immer aufs neue präsentiert er sich ihr, als habe sie selbst ihn imaginiert, herbeigesehnt, herbeigefürchtet.

Lina ist die Tochter eines autoritären Vaters. Daß sie gegen seinen Willen Aysgarth erhört, ist ein Akt der Revolte, der

---

Mr. and Mrs. Smith (Mr. und Mrs. Smith). Buch Norman Krasna. Kamera Harry Stradling. Bauten Van Nest Polglase. Musik Edward Ward. Mit Carole Lombard (Ann), Robert Montgomery (David), Gene Raymond (Jeff Custer), Jack Carson (Chuck Benson), Philip Merivale (Mr. Custer), Lucile Watson (Mrs. Custer)

Suspicion (Verdacht). Buch Samson Raphaelson, Joan Harrison, Alma Reville n. d. Roman ›Before the Fact‹ v. Francis Iles. Kamera Harry Stradling. Bauten Van Nest Polglase. Musik Franz Waxman. Mit Cary Grant (John Aysgarth), Joan Fontaine (Lina McLaidlaw), Cedric Hardwicke (General McLaidlaw)

34 Johnny, wie er Lina den ominösen Schlaftrunk bringt. »Ich hatte eine Lampe in das Milchglas getan.«
»Sie meinen: einen Scheinwerfer auf das Glas gerichtet?«
»Nein, in die Milch, ins Glas.«

Angst- und Schuldgefühle zur Folge hat. Aysgarth erweist sich als Spieler, Lügner und Dieb. Ihr kommt der Verdacht, er habe seinen Freund umgebracht, und schließlich, er trachte ihr selbst nach dem Leben.

In der Romanvorlage ist er wirklich ein Mörder und läßt sie sich von ihm umbringen, weil sie ein Kind erwartet und nicht will, daß der Mörder sich fortpflanzt. Hitchcock behauptete, diesen Schluß habe er noch ausbauen wollen: Ehe Lina sich vergiften ließ, sollte sie ihrer Mutter schreiben und ihn den Brief, sein Todesurteil, zum Briefkasten bringen lassen.

RKO. In den Vierzigern neben Columbia und Universal einer der drei *minor majors*. 1928 aus dem Zusammenschluß vor allem einer Kinokette und Rockefellers Radio Corporation of America hervorgegangen. Zunächst vor allem billige Serien. Erfolg in den Dreißigern mit Astaire-und-Rogers-Musicals, in den Vierzigern mit Val Lewtons Horrorfilmen. Verleih auch von Filmen unabhängiger Produzenten (Disney), nach deren Weggang Krise. Beginn 1941 mit Orson Welles' ›Citizen Kane‹, auch ambitionierteren Talenten eine Chance zu geben. 1948 von Howard Hughes gekauft und in fünf Jahren ruiniert.

> *Lina Aysgarth*: »Ich war ganz fasziniert von der Art, wie Sie Ihren Schurken ...«
> *Isobel Sedbusk*: »Meinen Schurken? Meinen Helden, meinen Sie! Ich stelle mir meine Mörder immer als meine Helden vor. Aber ich wollte Sie nicht unterbrechen. Sie sagten, Sie seien ganz fasziniert ...«
>
> *Filmdialog ›Suspicion‹*

Cary Grants Spiel erlaubt jederzeit zwei Interpretationen: daß er all des Bösen fähig ist, dessen Lina ihn verdächtigt, wie auch, daß er unschuldig ist, eine kindliche Spielernatur, wie sein Freund Beaky ihn sieht, bewundert und liebt. Die Widerlegung von Linas Mordverdacht, mit der der Film endet, ändert so wenig an der Zweideutigkeit seines Helden, wie die Bestätigung es getan hätte. Ihr Mißtrauen ist Linas raison d'être.

Nach dem Fehlschlag von ›Mr. and Mrs. Smith‹ endete Hitchcocks Gastspiel bei RKO doch noch mit einem Erfolg: ›Suspicion‹ war deren größter Hit des Jahres.

Nach Pearl Harbor

›Saboteur‹, Hitchcocks erster amerikanischer Film nach einer eigenen Idee, ist wieder eine Art Fortsetzungsroman, ein »Remake« von ›The 39 Steps‹, aber ohne dessen Tempo und ohne die Dichte von ›Foreign Correspondent‹, eine eher umständliche Reihung mal melodramatischer, mal bizarrer Episoden. Besonders gelungen ist eine Kinoszene, in der eine Schießerei auf der Leinwand und eine im Parkett ineinandergreifen. Wie schon für ›Foreign Correspondent‹ hatte sich Hitchcock für die Hauptrolle Gary Cooper gewünscht, dazu Barbara Stanwyck und den Western-Star Harry Carey als Nazi-Rancher; aber das Genre galt als minderwertig, und er mußte sich begnügen mit Kontraktschauspielern.

Universal. 1912 von Carl Laemmle in New York gegründet und 1914 nach Hollywood verlegt. Universal City die erste ganz der Filmproduktion gewidmete Stadt. In den Zwanzigern von Studiochef Irving Thalberg (F. Scott Fitzgeralds ›letzter Taicoon‹) initiierte Prestigeprojekte (von und mit Erich von Stroheim).

Anfangs der Dreißiger »the House of Horrors« (›Frankenstein‹, ›Dracula‹), später Abbott-und-Costello-Lustspiele. Eine Schwäche des Konzerns: keine eigenen Kinos. Nach Laemmles Ausscheiden 1936 Einstieg von J. Arthur Rank. In den Vierzigern Erfolg mit Deanna-Durbin-Filmen (Forts. S. 133).

Wie Hannay in ›The 39 Steps‹ England und Schottland von Süden nach Norden, so durchquert Barry Kane hier die USA von Westen nach Osten. Der Film wurde vor Pearl Harbor begonnen und danach beendet. Kane ist Rüstungsarbeiter, wird zu Unrecht eines Sabotageakts verdächtigt und muß sich selbst auf die Suche nach dem Übeltäter machen. Unterwegs erfährt er die Hilfsbereitschaft eines Lastwagenfahrers, eines Blinden und einer Gruppe von Zirkus-Freaks; Polizei und Bürger dagegen sind im Bunde mit den Feinden Amerikas. Polizisten wollen Helden sein, sagt der Blinde, da können sie keine Unschuldigen gebrauchen.

Was gibt es in Amerika? Publicity: Kane begegnet dem Mädchen, das ihn erst anzeigen will, dann aber unterstützt. Zuerst auf einer riesigen Plakatwand an der Autobahn. Cowboys: der Chef der Verschwörer besitzt eine Ranch und läßt Kane durch seine Truppe verfolgen. Und die Statue of Liberty: Am Ende stürzt der Saboteur, von Kane verfolgt, von ihr hinunter in den Tod. Ein Fehler sei es gewesen, den Bösen da oben statt des Guten in Gefahr zu bringen, sagte Hitchcock später.

35 In der Fackel der Freiheitsstatue. Dreharbeiten zu ›Saboteur‹

Saboteur (**Saboteure**). Buch Peter Viertel, J. Harrison, Dorothy Parker n. e. Idee v. A. H. Kamera Joseph Valentine. Bauten Jack Otterson. Schnitt Otto Ludwig. Musik Frank Skinner, Charles Previn. Mit Robert Cummings (Barry Kane), Priscilla Lane (Pat), Otto Kruger (Tobin), Norman Lloyd (Fry), Alan Baxter (Freeman)

Die ersten fünf Filme der Selznick-Periode zeigen Hitchcock noch unterwegs nach Amerika, als Einwanderer, mit englischen Schauplätzen, Themen, Geschichten, Vorstellungen im Gepäck. Erst mit dem sechsten scheint er anzukommen in der Neuen Welt. Der kommerzielle Erfolg seines ersten Universal-Films erlaubte ihm, das Thema des zweiten frei zu wählen. Als Schauplatz für ›Shadow of a Doubt‹ wünschte er sich eine typische amerikanische Kleinstadt. Für Drehbuch und Dialog verpflichtete er Thornton Wilder, als »das beste zur Verfügung stehende Beispiel eines Verfassers von Americana«. Santa Rosa ist »Our Town«. Die Stadt, das Heim, die Familie, ihre Reden: zusammengesetzt aus Bekanntem, karikierend konturiert.

Truffaut hat in seinem ersten Hitchcock-Aufsatz, 1954, ausgeführt, daß ›Shadow of a Doubt‹ »auf der Ziffer zwei basiert«. Er ist durchsetzt mit Symmetrien, Dichotomien und Verdopplungen. Zwei Expositionen stellen die beiden Helden vor. Im langweiligen Santa Rosa, California, sehnt sich das Mädchen Charlie (Teresa Wright) nach ihrem Onkel (Joseph Cotten) im fernen Philadelphia, der ebenfalls Charlie heißt. Sie scheinen telepathisch miteinander verbunden. Sie ruft ihn, er erhört sie. Er ist der Lieblingsbruder ihrer Mutter, die nach ihm ihr erstes Kind genannt hat. Ein Hauch von Inzest ist um die Beziehungen. Und just die Mutter lockt mit ihrer der Tochter vererbten Zuneigung den Fremdkörper an, der das häusliche Glück zu vergiften droht.

Denn der Onkel ist ein gesuchter Witwenmörder. Er tötet nicht aus Berechnung, sondern ist überzeugt: Reiche Witwen sind Parasiten, sie gehören ausgerottet. Die Nichte schöpft Verdacht, aber sie kann den Onkel nicht denunzieren, die Wahrheit über ihren Bruder würde die Mutter umbringen. So nötigt sie ihn, die kleine Stadt zu verlassen; bei der Abfahrt hält er sie fest, versucht sie aus dem Zug zu stoßen, kommt

---

Shadow of a Doubt (Im Schatten des Zweifels). Buch Thornton Wilder, Alma Reville, Sally Benson. Kamera Joseph Valentine. Musik Dimitri Tiomkin. Mit Joseph Cotten (Charles Oakley), Teresa Wright (Charlotte Newton), MacDonald Carey (Jack Graham), Patricia Collinge (Emma Newton), Henry Travers (Joe Newton)

36 Eine Einstellung von ›Shadow of a Doubt‹, skizziert von Dorothea Hult. Jeder Hitchcockfilm wurde in Zeichnungen präfiguriert.

dabei selbst zu Tode. Scheinbar ein Unfall, nur sie und Jack, der junge Polizeibeamte – Nachfolger der Joe, Frank und Ted in den englischen Thrillern –, kennen die Wahrheit.

Für Slavoj Žižek kennzeichnet es die Filme der Selznick-Periode, daß sie erzählt sind aus der Perspektive einer Frau, die gespalten ist zwischen zwei Männern, einer faszinierenden schurkischen Vaterfigur und deren meist fadem jüngeren Gegenspieler, mit dem sie sich am Ende, nach der Opferung des ersten, in Resignation vereint; er sieht darin den Ausdruck des Niederganges des »autonomen Subjekts« bürgerlichen Verständnisses. Das paßt am ehesten auf diesen Film, in dem

> Das Mädchen: »Ist Capra nett, oder kennen Sie ihn nicht?«
> Sullivan: »Sehr nett.«
> Das Mädchen: »Ist Hitchcock so fett, wie behauptet wird?«
> Sullivan: »Fetter.«
> Das Mädchen: »Glauben Sie, daß Orson Welles verrückt ist?«
> Sullivan: »Auf eine sehr praktische Weise.«
> *Preston Sturges, Filmdialog ›Sullivan's Travels‹, 1942*

das Private öffentlich, das Individuelle ganz allgemein wird. Die Polizisten, die dem Witwenmörder auf den Fersen sind, geben sich als Vertreter eines Demoskopie-Instituts aus, das typische amerikanische Normalfamilien ausfragt und ihr Leben fotografisch dokumentiert – nur der Mörder versucht, seine Privatsphäre zu schützen. Charlie ist zwar auch »so schrecklich gern kein Durchschnittsmädchen aus einer Durchschnittsfamilie«, aber ihr Zukünftiger beruhigt sie: »Die Durchschnittsfamilien sind die besten, schaun Sie mich an, ich komme aus einer Durchschnittsfamilie.«

›Lifeboat‹ ist Hitchcocks erster Film für einen Hollywood major. Geplant waren zwei bei der 20th Century-Fox, aber er überzog Budget und Drehzeit, und es blieb bei diesem einen. Ein Experiment, ähnlich wie später ›Rope‹, definiert durch einen willkürlich gesetzten, extrem engen Versuchsrahmen. »Mich reizte die Herausforderung.« Die ganze Geschichte spielt in einem Rettungsboot auf offenem Meer. Hauptsächlich Nah- und Groß-, keine Außenaufnahmen, alles Atelier, aber keine Bauten, nur ein großes Wasserbassin. Der Innenraum als Außenraum. »Ein Rückprojektionsfilm von Anfang bis Ende.«

Ein amerikanisches Schiff wird torpediert von einem deutschen U-Boot, das dann selbst versenkt wird. In das Boot retten sich eine hartgesottene Reporterin, ein kommunistischer Heizer, ein deutschstämmiger Seemann, ein Kapitalist, ein Schiffsfunker, eine Krankenschwester, ein frommer schwarzer Steward. Und der deutsche U-Boot-Kommandant, im Zivilberuf Chirurg. Ein Narrenschiff in World War Two.

37 »Das ist meine Lieblingsrolle«. In einer Zeitung, die die Insassen des Bootes aus dem Ozean fischen, auf einer Anzeige eines Schlankheitsmittels, »vorher« und »nachher«.

Allianzen bilden sich, eine Spielerrunde, Paare. Eins, wie es
sonst von Hitchcock in Handschellen zusammengefügt wird:
die Journalistin mit dem Diamantenarmband von Cartier und
der tätowierte Schiffsheizer. Sie finden sich zum Gesang –
was gibt es in Deutschland? – des Kapitäns: »Ach, wie ist's
möglich dann« und »Du, du liegst mir am Herzen«. Auf der
Flöte begleitet ihn der Kapitalist. Der Deutsche: »You are a
born accompanist.« Der Kommunist lacht sich kaputt: »Wir
sind alle geborene Begleiter! Unser Feind, unser Gefangener!
Jetzt sind wir seine Gefangenen, und er ist unser Gauleiter!«

Meinungsverschiedenheiten und Klassengegensätze brechen
auf. Jeder hat seine Gründe, auch der Deutsche (Walter Slezak: Nazi mit Wiener Charme), und die besten Gründe führen
zu den scheußlichsten Handlungen. Nachdem Kapitalist und
Kommunist als Skipper versagt haben, vertrauen die Schiff-
brüchigen sich der seemännischen und ärztlichen Kompetenz
des Deutschen an, aber schließlich, als er sich zu der »Gna-
dentötung« des beinamputierten Seemanns bekennt, prügeln
sie ihn brutal über Bord. Hitchcocks »politische Filme«, Anti-
Nazi- und Kalter-Kriegs-Filme, erschöpfen sich nie in schlich-
ter Parteinahme.

Die amerikanische Kritik war empört, als habe Hitchcock
die These des Ranchers in ›Saboteur‹ sich zu eigen gemacht:
»Die totalitären Nationen verfügen über eine größere Kompetenz als wir.« Dabei sei es ihm nur um einen Appell zur Soli-
darität aller Patrioten gegangen, angesichts eines entschlosse-
nen und tüchtigen Feindes.

Die Botschaft, konzipiert unterm Eindruck von Pearl Harbor
und deutscher U-Boot-Erfolge, war nach der Landung in Nord-
afrika nicht mehr recht aktuell. Hitchcocks bis dahin teuerster
Hollywoodfilm wurde zu seinem ersten Flop in Amerika.

Lifeboat (**Das Rettungsboot**).
Buch Jo Swerling n. e. Idee v. John
Steinbeck. Kamera Glen MacWil-
liams. Musik Hugo Friedhofer. Mit
Tallulah Bankhead (Constance Por-
ter), William Bendix (Gus Smith),
Walter Slezak (Willie), Mary Ander-
son (Alice), John Hodiak (Kovac),
Henry Hall (Charles Rittenhaus)

Michael Balcon, wohl eifersüchtig auf den Erfolg seines einstigen Schützlings in Amerika, wo er selbst nie hatte Fuß fassen können, polemisierte 1940, sein einstiger Adlat sei aus England desertiert, »während wir, die in reduzierter Besetzung Zurückgebliebenen, das Kino unserer großen nationalen Anstrengung dienstbar zu machen versuchen«.

Im Jahr darauf traf er Sidney Bernstein in New York, der ihn dem Londoner Informationsministerium für zwei für Frankreich bestimmte Halbstundenfilme vermittelte. ›Bon voyage‹ erzählt zweimal dieselbe Geschichte. Ein Sergeant der RAF berichtet in London, wie er mit Hilfe eines polnischen Offiziers aus deutscher Gefangenschaft geflohen und quer durch Frankreich gelangt ist; ein Oberst von den Freien Franzosen klärt ihn auf: der Pole war ein Gestapo-Agent, seine Flucht hat nur den Deutschen dazu gedient, eine Reihe französischer Widerstandsnester auffliegen zu lassen. – In ›Aventure Malgache‹ proben französische Schauspieler in London ein Stück, zu dem einer von ihnen seine Abenteuer im Vichy-treuen Madagaskar verarbeitet hat. Der Autor erzählt den anderen, wie es war; sie imaginieren seine Erzählung mit sich selbst in den entsprechenden Rollen. »Spione sind schon eine Sorte für sich«, heißt es im Dialog von ›Bon voyage‹ und in ›Aventure Malgache‹: »Das ist eine alte Geschichte: der gejagte Jäger.« Statt patenter Propaganda Variationen auf Hitchcocksche Lieblingsthemen: falscher Augenschein und Rollentausch.

Im April 1945 leitete Bernstein die Filmaufnahmen in Bergen-Belsen. Sie sollten eingehen in ›Memory of the Camps‹, eine Filmdokumentation in drei Fassungen: je eine für die deutsche Zivilbevölkerung, für PoW-Camps und zum Einsatz in alliierten und neutralen Ländern. Im Juni traf Bernstein Hitchcock in London. Der wählte Sequenzen aus, denen niemand

---

Bon Voyage. Buch J. O. C. Orton, Angus McPhail, nach Arthur Calder-Marshall. Kamera Gunther Krampf. Mit John Blythe und den Molière Players
Aventure Malgache. Kamera Gunther Krampf. Mit den Molière Players

hätte vorwerfen können, gefälscht zu sein, zwei lange Fahrt-
aufnahmen etwa, eine aufgenommen aus einem Panzer heraus
beim Eindringen in Dachau und eine zweite mit vier Geistli-
chen beim Gang durch Bergen-Belsen, zwischen Häftlingen
und Leichen. Das Projekt wurde vom Ministerium bald nur
noch nachlässig betrieben, man wollte die Deutschen nicht in
ihrem Weltschmerz bestärken, und schließlich ganz einge-
stellt.

Liebende Frauen

Nach einer Pause von drei Jahren stieg Selznick wieder in die
Produktion ein. Mit Hitchcock vereinbarte er, nach dessen
sechs Filmen für andere Produzenten, einen zum Thema Psychoanalyse. Selznick hatte gerade selbst eine Analyse gemacht. Erst zweifelte er, ob damit ein breites Publikum zu gewinnen sei; dann fühlte er sich in seinem Vorhaben durch die
Publizität bestätigt, die Fälle psychisch gestörter Frontsolda-
ten fanden. Und Hitchcock sicherte sich die Rechte an einem
älteren Roman, in dem ein verrückter Mörder die Leitung eines Sanatoriums für Geistesgestörte an sich reißt, bis er von
einer Psychiaterin entmachtet wird.

Noch in London setzte Hitchcock seinen alten Freund An-
gus MacPhail, den Urheber des MacGuffin-Begriffs, auf die
Vorlage an. Selznick ließ seinen Entwurf in New York von
Ben Hecht überarbeiten, engagierte seine Analytikerin als
psychologische Sachverständige und besetzte die weibliche
Hauptrolle mit Ingrid Bergman.

Im Grunde nimmt ›Spellbound‹ das alte Hitchcock-Motiv
der Irrfahrt des fälschlich einer Schuld bezichtigten Helden
wieder auf, dem eine Gefährtin hilft, den wahren Tatbestand

Ingrid Bergman (1915–1982), geboren in Stockholm, dort früh vom
Theater zum Film, 1938 von Selznick
nach Hollywood eingeladen und
erfolgreich lanciert als natürliche,
aktive Frau (mit »no make-up look«),
aber auch bewegt von Kräften, die
stärker sind als sie. Lieblingsrolle,
im Film und auf der Bühne: die hei-
lige Johanna. Ihrem öffentlichen
Image entsprach sie privat als treue
Zahnarztgattin, bis sie 1949 Mann
und Tochter Roberto Rossellinis
wegen verließ – Hollywoods größter Skandal der Nachkriegszeit. Als
Schauspielerin weiterhin und zunehmend erfolgreich beiderseits des
Atlantiks.

ans Licht zu bringen. John Ballantine (Gregory Peck) hält sich für den neuen Direktor einer Irrenanstalt. Der ist in Wahrheit ermordet worden; bald halten ihn andere und dann hält auch er selbst sich für den Mörder und flieht. Die Flucht setzt sich fort als Reise ins Innere, in die Vergangenheit, zu den verschütteten Ursprüngen seines Ichs. Die Analyse ist ein Erzähltrick. Ballantine hat als Kind den Tod seines Bruders verursacht und davon ein Trauma, dessen der wirkliche Mörder sich bedient, damit sich Ballantine der Tat schuldig wähnt (ähnlich wie es später in ›Vertigo‹ Elster mit Scottie macht).

Wie in ›Rebecca‹ und ›Suspicion‹ leiht Hitchcock der subjektiven Perspektive seiner Hauptfigur(en) den Blick der Kamera. Die setzt sich fort in der Visualisierung von Empfindungen, Eindrücken, Träumen. Beim ersten Kuß der Liebenden öffnet sich Tür um Tür in die Tiefe des Bildfelds. Die Milch eines Schlaftrunks steigt auf der Leinwand hoch und füllt sie. Für die Träume, die Hitchcock sich im Gegensatz zur üblichen Praxis klar konturiert wünschte, verpflichtete Selznick auf seinen Wunsch Salvador Dalí.

38 John Ballantines Traum, Entwurf Salvador Dalí, Ausführung William Cameron Menzies

Spellbound (Ich kämpfe um dich). Buch Ben Hecht, Angus MacPhail n. d. Roman ›The House of Dr. Edwardes‹ v. Francis Beeding. Kamera George Barnes. Musik Miklos Rozsa. Mit Ingrid Bergman (Constance Peterson), Gregory Peck (John Ballantine), Leo G. Carroll (Dr. Murchison)

Notorious (Weißes Gift, Berüchtigt). Buch Ben Hecht n. e. Idee v. A. H. Kamera Ted Tetzlaff. Musik Roy Webb. Mit Ingrid Bergman (Alicia Huberman), Cary Grant (Devlin), Claude Rains (Alexander Sebastian), Leopoldine Konstantin (Mrs. Sebastian), Louis Calhern (Paul Prescott), Reinhold Schünzel

Am Ende wendet der entlarvte Mörder – der alte Klinikchef mochte sich von seinem Posten nicht trennen – die Hand mit der Mordwaffe gegen sich. Eine riesige Holzprothese dreht sich leinwandfüllend gegen die Kamera. Im Moment des Schusses waren, zur Verstärkung des Schocks, zwei Bilder Farbfilm eingeschnitten – für eine Zwölftelsekunde ließen sie die Leinwand rot aufblitzen. In den heutigen Kopien fehlen sie.

Auch Hitchcocks zweiten Bergman-Film plante Selznick. Zu beschäftigt mit ›Duel in the Sun‹, trat er das »Paket«, das Drehbuch halbfertig, zwei Stars und den Regisseur, für 800 000 Dollar und 50 Prozent Gewinnbeteiligung ab an RKO.

Hitchcocks Ausgangsidee: Ingrid Bergman spielt eine Frau, deren Vertrauen man ausnutzt, um sie für eine Intrige zu gewinnen, in deren Verlauf sie einen ungeliebten Mann heiraten muß. Alicia Hubermann, Tochter eines verurteilten US-Nazis, ist bereit, die Schuld ihres Vaters zu sühnen. Das FBI setzt sie auf eine deutsche Zelle an, die ein Jahr nach Kriegsende in Rio schon wieder aktiv ist. FBI und Fünfte Kolonne: zwei feindliche Systeme, eins des anderen Spiegelbild, zwei Männercliquen. Alicia soll sich mit einem Freund ihres Vaters und alten Verehrer, Alex Sebastian (Claude Rains), einlassen und, als er anbeißt, ihn heiraten. Alicia liebt Devlin (Cary Grant), ihren Agentenführer; sie hofft, er werde sie vor dem Ansinnen bewahren; er, schwankend zwischen Liebe und Misogynie, sieht sich in letzterer bestätigt, als sie tut, woran er sie nicht hindert.

Ein Labyrinth der Gefühle: Alicias für ihren Vater, Alicias für Devlin, Devlins für sie, derjenigen Sebastians für Alicia, für seine possessive Mutter, der des Zuschauers für Alicia, für Devlin, für Sebastian. Und auch ein architektonisches: Sebastians Villa, in deren Keller in einem Regal in einer Bordeaux-

39 Der Star und sein Schatten. Der Regisseur als Giftmischer. Werbung für ›Notorious‹

40 Alicia ohnmächtig im Labyrinth der Villa ihres Mannes. Bei klarem Bewußtsein ist sie fast nie im Verlauf des Films, anfangs dem Alkohol verfallen, später vergiftet.

flasche der MacGuffin versteckt ist, um den es dem FBI geht. Aus der Totale der Halle saugt sich die Kamera über die geschwungene Treppe langsam hinunter auf die gerade sich versammelnde Festgesellschaft zu, auf die Gruppe um Alicia, auf Alicia, auf ihre Hand, auf den Kellerschlüssel, den sie darin versteckt hält.

Der MacGuffin, der Sand in der Flasche in Sebastians Keller, ist, zeitgemäß im Jahr nach Hiroshima, Uran. Beim Deutschlandstart, fünf Jahre später, »entnazifizierte« der Verleih, wie hier üblich in der Adenauerzeit, die deutschen Böse-

> **Schauspielerführung.** Negatives Spiel ist mir das liebste, die Fähigkeit, etwas zum Ausdruck zu bringen, ohne etwas zu tun. Das ist das schwerste auf der Leinwand: nichts zu tun, das aber gut; und das verlange ich.
> *Bogdanovich:* Wie arbeiten Sie mit Schauspielern?
> *Hitchcock:* Ich führe sie nicht. Ich rede mit ihnen und erkläre ihnen die Szene; ihren Zweck, warum sie bestimmte Dinge tun; weil die mit der Story zusammenhängen, nicht mit der Szene. Die Szene insgesamt bezieht sich auf die Story, aber dieser kleine Blick tut das und das für die Story.
> *Über Montgomery Clift:* Ich bat ihn, aufzuschaun, damit ich einschneiden könnte, was er sieht. Er sagte: »Ich weiß nicht, ob ich aufschaun möchte.« Stellen Sie sich das vor! Ich sagte: »Wenn Sie nicht aufschaun, kann ich nicht schneiden.«

wichter, machte aus ihnen Drogenhändler, aus Sebastian einen Sebastini und aus dem spaltbaren Material Rauschgift. Hitchcock störte es nicht, Uran sei out, Drogen seien in, und die Änderung zeige, daß die Deutschen die Natur des MacGuffins begriffen hätten: »Er ist nichts.«

Zu Beginn des Films, nach der Verurteilung ihres Vaters, steht Alicia im Blitzlichtgewitter der Fotografen. Sie bleibt Objekt von Blicken, die öffentliches, maskulines Vorurteil bestimmt, die Blicke der Männer des Films, durch die der Zuschauer im Kino sich vertreten fühlen darf. Von früheren Hitchcock-Frauen ist Anny Ondra in ›The Manxman‹ und ›Blackmail‹ der Bergman von ›Notorious‹ am ähnlichsten, keine kühle Blonde wie später Grace Kelly, sondern eine irritierende und irritierbare Frau. Die beiden Männer läßt ihr Blick auf sie in Widerspruch geraten zu ihren Organisationen.

Als Sebastian Alicias Verrat durchschaut, schickt er sich an, unterm Diktat seiner Mutter, sie langsam zu vergiften. Devlin rettet sie. Vor den Augen der Deutschen entführt er die Geliebte und überantwortet den Ehemann – den Vertreter des Vaters – der Rache seines Klans. In der Schlußeinstellung schließt die Villentür sich hinter Sebastian wie die einer Gaskammer.

Selznick wurmte es nach dem Erfolg von ›Notorious‹, daß er aus dem Projekt ausgestiegen war, und er nutzte die letzte ihm verbliebene Option auf Hitchcock für ›The Paradine Case‹. Ein Londoner Anwalt verliebt sich in seine des Mordes an ihrem Mann beschuldigte Mandantin und lenkt den Verdacht auf ihren Stallknecht, worauf sie ihre Liebe zu diesem bekennt, den Mord gesteht und dem Anwalt ihre abgrundtie-

Über Paul Newman: Er kann sich einfach nicht mit neutralen Blicken zufriedengeben, diesen Blicken, mit denen ich den Schnitt einer Szene machen kann.

Der beste Besetzungschef ist der Romancier. Er beschreibt seine Figur detailliert und bekommt immer das, was er beabsichtigt.

Die beste Antwort auf das Besetzungsproblem hat Walt Disney. Er macht Zeichnungen, und wenn er die Schauspieler nicht mag, zerreißt er sie.

Ich wurde mal gefragt: »Stimmt es, daß Sie gesagt haben, Schauspieler sind Vieh?« Ich sagte: »Das ist eine ausgemachte Lüge. Ich habe nur gesagt, daß sie wie Vieh behandelt werden sollten.«

fe Verachtung bekundet – in dem Sujet sah Hitchcock die Chance zu einer Art Lady-Chatterley-Krimi. Drehbuch und Besetzung, von Selznick diktiert, verhinderten das. Alida Valli, fand Hitchcock, war zu kühl, Gregory Peck als Londoner Prominenten-Anwalt unglaubwürdig; Louis Jourdan als Stallknecht ist nur ein konventioneller Latin Lover. Auch in Dreharbeiten und Schnitt griff Selznick ein. Hatte Hitchcock Jourdan im Schatten plaziert, ließ er die Einstellung voll ausgeleuchtet nachdrehen; lange Kranfahrten und -schwenks eliminierte er, sie kamen ihm »unnatürlich« vor.

Verhaftung und Einlieferung der Frau filmte Hitchcock, wie vorher die in ›Blackmail‹ und später die in ›The Wrong Man‹, in allen alltäglichen, erniedrigenden Details. Die Prozeßszenen im sorgfältig nachgebauten Old Bailey ließ er von bis zu vier Kameras gleichzeitig aufnehmen, je eine auf Zeugenstand, Richter, Staatsanwalt und Verteidiger gerichtet. Sieht man Jourdan im Gerichtssaal hinter Valli her zum Zeugenstand gehen, ist das: er aufgenommen in einem 200-Grad-Schwenk, hinter ihr in der Rückprojektion, während davor der Drehstuhl, auf dem sie sitzt, im Gegensinne rotiert.

Selznick war aus dem Vertrag mit United Artists, dem Verleih der Unabhängigen, ausgeschieden und verlieh ›The Paradine Case‹ selbst – mit katastrophalem Ergebnis. Seinem Wunsch nach einer Verlängerung ihres Vertrages widersetzte sich Hitchcock ebenso wie späteren Angeboten. In seinen Filmen spielte er ihm kleine Streiche: In ›Rear Window‹ ließ er Raymond Burr, den Darsteller des Mörders, wie Selznick kostümieren und frisieren und zeigte ihm, wie der Telefon und Zigaretten hielt, und den Helden von ›North by Northwest‹ ließ er versichern, das O in seinem Namen stehe für nichts: eine Null.

The Paradine Case (**Der Fall Paradin**). Buch David O. Selznick, Alma Reville n. d. Roman v. Robert Hichens. Kamera Lee Garmes. Musik Franz Waxman. Mit Alida Valli (Maddalena Anna Paradine), Gregory Peck (Anthony Keane), Ann Todd (Gay Keane), Louis Jourdan (André Latour), Charles Laughton (Richter Hornfield)

Frei auf Bewährung

Als Hitchcock nach Hollywood kam, wechselten gerade mehrere prominente Regisseure die Firma – Lubitsch ging von der Paramount, Mervyn LeRoy von Warner Bros. zu MGM, George Stevens von RKO zu Columbia, von der Frank Capra wegging, um seine eigene Firma zu gründen – und sicherten sich dabei größere Unabhängigkeit. Andere taten sich mit unabhängigen Produzenten zusammen, John Ford mit Wanger, William Wyler mit Goldwyn, die ihre Filme von United Artists verleihen ließen. Orson Welles bekam bei RKO, Preston Sturges bei Paramount ungewöhnliche Startchancen. 1945 machten die Kriegsheimkehrer Capra, Stevens und Wyler sich mit Liberty Films selbständig; 1946 folgten Milestone, Rossen und Polonsky mit Enterprise Studios, Ford und Merian C. Cooper mit Argosy Pictures.

Diese Beispiele hatte Hitchcock vor Augen, als er 1947 seiner Verpflichtungen Selznick gegenüber ledig war. Alle seine weiteren Filme produzierte er selbst, bei den ersten beiden war er selbständig; als das Experiment fehlschlug, engagierten ihn erst Warner, dann Paramount und MGM als producer-director; zuletzt war er Mitbesitzer der Universal.

Ein Jahr vor seinem Abschied von Selznick gründete Hitchcock mit Sidney Bernstein zusammen Transatlantic Pictures, mit Sitz in London und Los Angeles. Den Verleih ihrer Filme übernahm Warner Bros., die wie andere majors dazu übergingen, nicht mehr nur von ihnen selbst hergestellte Filme zu verleihen.

---

41 **Sidney Lewis Bernstein** (1899–1993), 1924 Mitbegründer der Film Society, Besitzer einer Kinokette (ab 1930 Granada), führte 1927 Matineen für Kinder ein. Im Krieg Berater des Informationsministeriums und Chef der Filmabteilung von SHAEF, dem alliierten Hauptquartier. 1946–1950 zusammen mit Hitchcock Eigentümer von Transatlantic Pictures. Gründete 1954 die Granada-Fernsehproduktion. 1969 geadelt (Baron Bernstein of Leigh).

Die beiden Filme, die er in eigener Produktion drehte, waren Hitchcocks erste Farbfilme. Sein Einsatz der neuen Technik richtete sich wieder gegen die Konvention. In den vierziger Jahren war Farbe in Hollywood durchweg realitäts- und gegenwartsfernen Genres vorbehalten, Märchen- und Historienfilm, Western, Musical, Trickfilm. Als Inspirationsquelle diente den Filmern die Kunstgeschichte. Hitchcocks Farben dagegen sind keine Malerfarben, sondern fotografierte. Sie eignen den Gegenständen vor der Kamera, steigern ihre Materialität, lassen sie sprechen.

Hitchcock 1937: Stellen Sie sich ein Sitzungszimmer vor, die Möbel braun, die Herren in Schwarz und Weiß, dann kommt die Frau des Chefs herein, mit einem roten Hut! Oder eine Gangstergeschichte: Der Bandenchef erwartet im Café jemanden, dessen Loyalität er nicht sicher ist. Zu seinem *gunman* sagt er: Bestelle ich einen Port, mach' ihn kalt, nehme ich eine grüne Chartreuse, laß ihn laufen. Und 1939: Wenn er ›Rebecca‹ in Farbe drehen dürfte, würde er der Toten eine bestimmte Farbe attachieren; die könnte man Rebecca nennen, in Mode bringen und im Laden verkaufen.

Eine Frage der Einstellung

Drei Projekte kündigte Transatlantic an: ›Under Capricorn‹, ›Rope‹ und ›I Confess‹. Als ersten drehte Hitchcock, in den Warner Studios in Burbank, ›Rope‹.

Gleich zu Beginn ein Mord in einem New Yorker Penthouse-Apartment, begangen von zwei Studenten an einem dritten – der erste direkt gezeigte Mord in einem Hitchcockfilm. Brandon (John Dall) und Phillip (Farley Granger) verstauen die Leiche in einer Truhe und breiten darauf die Utensilien für ei-

---

Rope (Cocktail für eine Leiche).
Buch Arthur Laurents, Hume Cronyn n. d. Stück v. Patrick Hamilton.
Kamera Joseph Valentine, William V. Skall. Bauten William Ferguson.
Mit John Dall (Shaw Brandon), Farley Granger (Phillip), James Stewart (Rupert Cadell), Joan Chandler (Jane Walker), Cedric Hardwicke

42 Dreharbeiten zu ›Rope‹, links das Team, rechts die Darsteller

ne Cocktailparty aus; ohne die, meint Brandon, der »männliche« Teil des schwulen Paares, wäre ihre Tat wie »das Bild zu malen, ohne es aufzuhängen«. Unter den Partygästen sind die Eltern des Opfers, seine Verlobte und der Verleger Rupert (James Stewart), der einstige Professor der Studenten, aus dessen Philosophie die beiden ihr Projekt des perfekten, grund- und interesselosen Mordes herleiten. Rupert, entsetzt, daß er der Urheber des Verbrechens sein soll, klärt es auf.

Die Rezeption von ›Rope‹ ist bis heute geprägt durch Hitchcocks abenteuerlichen Vorsatz, den ganzen Film »in einer einzigen Einstellung« zu drehen; genauer: in zweimal fünf, plus einem *establishing shot*, immer zwei Rollen des Kameranegativs gekoppelt zu einer der Kinokopie, »sichtbare Schnitte« nur viermal beim Überblenden von einem Projektor auf den anderen. Ein technischer und inszenatorischer Gewaltakt.

Bogdanovich: Wie gehen Sie beim Drehen vor?
Hitchcock: Ich blicke nie durch die Kamera. Der Kameramann weiß genau, was ich will – im Zweifelsfall zeichne ich ein Rechteck und skizziere die Einstellung für ihn. Schaun Sie, entscheidend ist, daß wir es mit einem zweidimensionalen Medium zu tun haben ... Zunächst einmal weiß der Kameramann genau, daß ich keine Luft um die Figuren herum und über ihren Köpfen haben will – ich finde das überflüssig. Es ist wie bei einem Redakteur, der eine Fotografie nimmt und sie auf das Entscheidende zu-

Er macht Realzeit zu Filmzeit. Die Handlung dauert von 19.30 bis 21.15 Uhr, so lang der Film zur Vorführung braucht oder das Bühnenstück, auf dem er basiert, zur Aufführung. Aufs Theater verweist auch das Fehlen der vierten Wand. Die Kamera funktioniert wie ein idealer Operngucker, der Personen und Gegenstände heranholt, Nah- und Großaufnahmen ausschneidet. 150 Einstellungen soll der Film enthalten, auch wenn er nur aus elf Aufnahmen besteht.

Manche hätten das Ganze für einen Irrtum gehalten, das sei nicht Kino gewesen, nur verfilmtes Theater. »Aber es ist reines Kino, man mußte den Schnitt zuerst im Kopf machen, dann mußte er umgesetzt werden durch die Bewegungen nicht nur der Kamera, sondern auch der Darsteller. Der Apparat bewegt sich, die Darsteller bewegen sich und komponieren im Spiel die unterschiedlichen Einstellungen.« Später fand er: »Jetzt, wenn ich darüber nachdenke, ist mir völlig klar, daß das idiotisch war.«

Farbe und Ton sind Teil der filmischen Reflexion des Bühnengeschehens. Der Vordergrund, Dekor, Kostüme, ist in gedeckten Farben gehalten, aber draußen der Himmel wechselt langsam die Farbe; das blaue Tageslicht verblaßt, die Schatten färben sich violett, Neonreklamen flammen auf (eine für »Reduco«, das Schlankheitsmittel aus ›Lifeboat‹). Untermalungsmusik gibt es nicht, aber einmal setzt Phillip sich ans Klavier und spielt Poulenc, ›Mouvement Perpétuel No. 1‹. Da schaltet Rupert eine Stehlampe an, die das Licht der Dämmerung aussticht. Ein neuer Akt beginnt.

›Under Capricorn‹, die zweite Transatlantic-Produktion, ist Hitchcocks erster englischer und erster Kostümfilm seit zehn Jahren, ein Empire-Film; er führt seine Figuren nach Australien, wohin es das Paar von ›Rich and Strange‹ nicht geschafft

---

sammenschneidet. Sie haben grundsätzliche Anweisungen von mir, sie lassen nie Luft um die Figuren. Wenn ich Luft will, sag' ich's.

Schaun Sie, wenn ich im Atelier bin, bin ich nicht im Atelier ... ich schau' auf eine Leinwand, die Bauten stören mich nicht und das Gerenne der Leute im Atelier. Anders gesagt, für mich zählt nicht die Geographie des Dekors, für mich zählt die Geographie der Leinwand. Die meisten Regisseure sagen: »Also, er muß zu der Tür kommen, also muß er von da nach da gehen ...« Was höllisch langweilig ist. Es macht die Einstellung

hat, weit, aber nicht weit genug, der englischen Klassengesellschaft und ihren Vorurteilen zu entrinnen.

Der Film bündelt verschiedene Motive aus Filmen der Selznick-Periode: eine ihrer selbst nicht sichere Heldin zwischen einem älteren, dem Mann ihres Lebens, und einem jüngeren Verehrer ›Shadow of a Doubt‹); sie ist vornehmer Herkunft und war in ihren Stallknecht verliebt ›The Paradine Case‹); Schatten einer geheimnisvollen Vergangenheit halten sie gefangen auf dem Landsitz ihres Mannes, wo sie von der Haushälterin terrorisiert wird (›Rebecca‹); sie trinkt und ist in Gefahr, vergiftet zu werden (›Notorious‹). Das Schema früherer Filme umkehrend, opfert die Heldin hier aber den »kriminellen« Älteren nicht für den »netten« Jüngeren, vielmehr hat der ein Einsehen und kehrt nach England zurück.

Lady Hattie (Ingrid Bergman) war mit Sam Flusky (Joseph Cotten) durchgebrannt, ihr Bruder ist bei der Verfolgung getötet, Flusky dafür nach Australien verbannt worden, sie ihm gefolgt. Der Verbannte hat als Geschäftsmann reüssiert,

43 Lady Hatty (Ingrid Bergman) auf dem Balkon von Minyago Yugilla, Fluskys Hacienda, die ihr zum Schicksal zu werden droht, wie Manderley der jungen Mrs. de Winter

leer und schlaff. Ich sage: »Also, wenn er noch in einer Stimmung ist – egal in welcher – holen wir ihn in einer Großaufnahme heran, und halten wir die Stimmung auf der Leinwand fest.« Die Entfernung ist uninteressant. Es ist mir egal, wie er durch den Raum kommt. Wie ist sein Geisteszustand? Man darf nur an die Leinwand denken. Man darf nicht an den Dekor denken oder wo man ist im Atelier – nichts dergleichen.
›Who the Devil Made It?‹

aber die Ehe ist nicht glücklich, Fluskys Haushälterin intrigiert gegen seine Frau, stachelt seine Eifersucht an, vor allem nach dem Eintreffen ihres Vetters Adare (Michael Wilding), der im Gefolge des neuen Gouverneurs nach New South Wales kommt und ihr den Hof macht.

Ihm gesteht Hattie, daß sie ihren Bruder getötet und Flusky die Schuld auf sich genommen hat. Wie ›Rope‹ ist ›Under Capricorn‹ ein Dialogfilm, mit langen, bewegten Einstellungen – der Star beklagte sich darüber, wie mitten in einer großen Szene die Dekorteile ringsherum in der Luft verschwanden. Schuß / Gegenschuß reserviert Hitchcock für Konfrontationen, sonst binden, wie in ›Rope‹, Fahrten und Schwenks Menschen und Dekor. Ob er meine, daß die bewegte Kamera einen romantischen Effekt mache, fragt Bogdanovich. »Wenn … die Kamera sich mit den Figuren bewegt und deshalb nicht bemerkt werden sollte, weil das Auge auf die Figur gerichtet ist …« Als Lady Hattie ihrem Vetter ihr Herz öffnet, kreist die Kamera, ihren Bewegungen folgend, um ihn – »die längste je von einer Filmkamera in irgendeinem Lande der Welt in einem Stück aufgenommene«, nämlich neuneinhalb Minuten dauernde Einstellung, meldete Warners Publicity Department, und Miss Bergman habe da 560 Wörter zu rezitieren, 104 mehr als der längste Hamlet-Monolog.

Ähnlich wie in ›Rope‹ ist Reden in ›Under Capricorn‹ anfangs auch Versteck- und Enthüllspiel, dann aber wird daraus Bekenntnis, Beschwörung von verschütteter Vergangenheit, Rückblende ohne Bildkrücken.

Hatte ›Rope‹ seine Kosten bald eingespielt, so blieb das Einspielergebnis von ›Under Capricorn‹ weit hinter den Produktionskosten zurück. Die Spekulation auf Ingrid Bergmans Starappeal erwies sich, im Jahr des Rossellini-Skandals, als Irrtum. Das bedeutete das Ende von Transatlantic.

Under Capricorn (Sklavin des Herzens). Buch James Bridie, Hume Cronyn n. d. Roman v. Helen Simpson. Kamera Jack Cardiff. Bauten Tom Morahan. Musik Richard Addinsell. Mit Ingrid Bergman (Lady Henrietta Flusky), Joseph Cotten (Sam Flusky), Michael Wilding (Charles Adare), Margaret Leighton (Milly)

Hitchcock war nicht der einzige Regisseur, der als unabhängiger Produzent Schiffbruch erlitt, auch Enterprise und Liberty waren Fehlschläge. Doch hatte sich bei den großen Gesellschaften die Einstellung kreativen Regietalenten gegenüber in den vierziger Jahren so gewandelt, daß etwa Capra, Wyler und Stevens als producer-directors bei Paramount unterschlüpfen konnten. Hitchcocks Prestige hatte unter dem Mißerfolg von ›Under Capricorn‹ nicht gelitten, und im Januar 1949 konnte er mit seinem Verleiher Jack Warner einen Vertrag abschließen, der ihm die Chance bot, für eine Gage von insgesamt einer Million minus 1 000 Dollar in sechseinhalb Jahren vier Filme zu produzieren und zu inszenieren, zwar keinen mehr mit Stars und erst den letzten wieder in Farbe, aber alle mit Sujets seiner eigenen Wahl.

Mord um Mord

Den ersten Film direkt für Warner drehte Hitchcock noch in London, nach einem englischen Roman, von dem ein Rezensent gemeint hatte, das sei »ein Hitchcock-Stoff«. »Ein kleiner englischer Krimi in der Agatha-Christie-Tradition«, meint Truffaut, »eins von diesen Whodunits, mit denen Sie sonst nichts zu tun haben wollen.« Das stimme, aber der Theateraspekt habe ihn interessiert: »Ein Mädchen, das Schauspielerin werden möchte, muß sich verkleiden und im Leben seine erste Rolle spielen, indem es bei einer polizeilichen Untersuchung mitmacht.« Ihr Vater sagt zu ihr: »Du behandelst den Fall wie ein Theaterstück.« (Wie Sir John in ›Murder!‹, wie Rupert in ›Rope‹.)

Der Fall: Jonathan Cooper wird verdächtigt, den Ehemann von Charlotte Inwood ermordet zu haben, einer bekannten

Warner Bros. Seit 1903 im Filmgeschäft, gründeten die Brüder Harry, Jack, Albert und Sam Warner 1917 in New York einen Verleih. Ab 1923 auch Produktion in Hollywood. In den Zwanzigern Erfolg mit Serien (Rin-Tin-Tin). 1927 führend bei der Umstellung auf Ton. Spezialität in den Dreißigern knapp kalkulierte, technisch brillante Genreserien, Gangsterfilme (Stars Cagney, Robinson, Bogart), Musicals (Choreographie Busby Berkeley). Zur Roosevelt-Zeit unter Jack Warners Leitung historische Biographien und engagierte Zeitfilme. Nach 1945 verstärkt Kooperation mit Unabhängigen. 1972 Fusion mit Columbia.

44 Marlene Dietrich, Star und femme fatale, und Jane Wyman als Schauspielelevin, die sich ihr als Zofe andient, um sie auszuspionieren

Schauspielerin, Ausländerin, femme fatale (Marlene Dietrich). Seine Jugendfreundin Eve, Schauspielschülerin, tarnt sich als Zofe, um sie als die wahre Schuldige zu überführen. Eve wird aktiv aus Liebe nicht so sehr zu Jonathan, als vielmehr zu der Rolle: die andere, den Star, an die Wand zu spielen, indem sie sie als Mörderin entlarvt.

Jonathan gewinnt Eve als Helferin, indem er ihr erzählt, wie Charlotte ihm den Mord gestanden habe. Die Rückblende, mit ihr im blutbefleckten Kleid, scheint seine Erzählung zu belegen. Hitchcock rechtfertigt sein Vorgehen: »Wir akzeptieren im Film, daß einer eine Lüge erzählt. Wir akzeptieren Rückblenden. Ich habe beides kombiniert« – und damit den Zuschauer düpiert, der sich mit Jonathan identifiziert hat, ihm den verfolgten Verfolger glaubt und dann mit der Heldin brüsk erfahren muß, daß er gelogen hat, daß er doch der Mörder ist.

Unterm Vorspann hebt sich ein Theatervorhang, dahinter erscheint keine Bühne, sondern eine Straßenszene: London, im Hintergrund St. Paul's. Wie in ›Murder!‹: Figuren, denen das Spiel zum Schicksal wird – dem Schurken zum Schluß der ei-

---

Stage Fright (Die rote Lola). Buch Whitfield Cook, Alma Reville n. e. Roman v. Selwyn Jepson. Kamera Wilkie Cooper. Musik Colin Garde. Mit Marlene Dietrich (Charlotte Inwood), Jane Wyman (Eve Gill), Richard Todd (Jonathan Cooper), Michael Wilding (Wilfred Smith), Alastair Sim, Sybil Thorndike

serne Vorhang zum Fallbeil. Mit dem Film wechselt der Zuschauer zum Schluß die Perspektive, schlägt sich auf die Seite Eves und erlebt mit Genugtuung die grausame Köpfung des Mörders. Den dämonischen Jugendfreund Jonathan hat in ihrer Gunst längst der nette Kriminalinspektor Smith (»Smith? Just ordinary Smith?«) abgelöst.

Nach den Dreharbeiten in London kehrte Hitchcock nach Hollywood zurück. Er war jetzt 50 und, obwohl nach ›Notorious‹ keiner seiner Filme mehr Erfolg gehabt hatte, ein wohlhabender Mann. Seit 1943 besaß er, außer dem Haus in Bel Air, eine Ranch im Scotts Valley nahe Santa Cruz nördlich von Los Angeles. In den folgenden Jahren stieg sein Vermögen auf schätzungsweise 20 Millionen Dollar, angelegt in modernen Kunstwerken, kalifornischen Kommunalobligationen, texanischem Vieh, Gas- und Ölquellen in den USA und in Kanada.

Zu den Aspekten seines Privatlebens, die mit seinem Zutun Gegenstand öffentlichen Interesses waren, gehörten sein Äußeres und seine Eßgewohnheiten. Daß er unter seiner Körperfülle litt (aber er war, seine Streiche bezeugen es, anderen auch gern zuwider), kaschierte er, indem er sich das Air eines Gourmets gab: »Im Essen finde ich Zufriedenheit. Es handelt sich mehr um einen geistigen Prozeß als einen physischen. Die

45 Hitch, Alma und Pat daheim in Los Angeles, in den frühen Vierzigern

46 Hitchcocks Sammlung moderner Kunst enthielt Werke von Buffet, Dalí, Dubuffet, Dufy, Klee, Rodin, Rouault, Utrillo, Vlaminck – und diesen falschen Picasso.

Vorfreude auf ein gutes Essen ähnelt der auf eine Ferienreise oder der, die man beim Anschauen einer guten Show empfindet.« Sicher aß er gern, »seine Beziehung zum Essen war fast sexuell«, meint Anne Baxter, eine Freundin des Hauses; dabei waren seine Vorlieben eher die des Inspektor Oxford in ›Frenzy‹, der den Pieds de porc à la mode de Caen seiner Frau geröstete Nieren vorzieht. Hitchcock aß gern Steaks mit Kartoffeln und Gemüse; dazu trank er nach amerikanischem Brauch Kaffee. Er sammelte gute Weine und trank Brandy, der in fast allen seinen Filmen einen eigenen Auftritt hat. Sein Gewicht wurde oft publik gemacht: bei seiner Ankunft in Hollywood angeblich 365 Pfund, drei Jahre später etwas weniger als 300, die eine strenge Diät – morgens und mittags schwarzer Kaffee, abends ein kleines Steak und Gemüse, kein Alkohol – noch um ein Drittel reduzierte. Im Dezember 1943 überschrieb das Magazin ›Cue‹ einen ihm gewidmeten Beitrag: ›Der Mann, der zuviel wog‹ – das war Publicity für ›Lifeboat‹ und seinen Auftritt in der Anzeige für »Reduco«.

Für die Öffentlichkeit kultivierte er auch seine »Britishness«, ließ sich täglich die ›Times‹ zustellen, trauerte englischen Erdbeeren nach; für Partys ließ er Austern aus Colchester und Dover-Seezungen einfliegen. Dabei betonte er den Cockney-Aspekt seines Engländertums und mied den Kontakt mit dem Cricket-Club und der englischen Snob-Kolonie.

Auch ›Strangers on a Train‹, Patricia Highsmiths Erstling, war Hitchcocks Wahl. Schwierigkeiten hatte er mit dem ersten Szenaristen, Raymond Chandler. Den befremdete »Hitchcocks Art, einen Film im Kopf zu inszenieren, bevor er die Geschichte kennt«. Dann schrieben drei Frauen das Drehbuch; Alma, Barbara Keons und Czenzi Ormonde.

Strangers on a Train (Verschwörung im Nordexpreß, Der Fremde im Zug). Buch Raymond Chandler, Czenzi Ormonde, Whitfield Cook n. d. Roman v. Patricia Highsmith. Kamera Robert Burks. Bauten Ted Haworth, George James Hopkins. Musik Dimitri Tiomkin. Mit Farley Granger (Guy Haines), Robert Walker (Bruno Anthony), Ruth Roman (Ann Morton), Leo G. Carroll (Senator Morton), Patricia Hitchcock (Barbara Morton), Laura Elliot (Miriam Haines)

Zwei Fußpaare, eins in weißen Schuhen von rechts, eins in schwarzen von links; Gleispaare, die sich kreuzen. Unterm Tisch im Salonwagen berühren sich die Schuhe. Ihre Träger: der Tennischampion Guy (Farley Granger) und der reiche Erbe Bruno (Robert Walker). Bruno weiß, daß Guy mit der Tochter eines Senators verlobt ist, seine Frau sich aber nicht scheiden lassen will. Bruno wiederum ist sein Vater im Wege. So schlägt er Guy einen Tausch vor: er will Guys Frau, der soll dafür seinen Vater töten. Zwei Morde ohne Motiv, mit perfektem Alibi für den jeweiligen Profiteur.

Die beiden sind das erste, das eigentliche Paar des Films. Bruno ist sein aktiver Teil, Guy traut sich nicht, seiner uneingestandenen Neigung nachzugeben. Weit weist er Brunos Ansinnen von sich, aber als er aussteigt, »vergißt« er sein Feuerzeug. Bruno steckt es ein.

Bruno tut Guy den Gefallen und räumt Miriam aus dem Weg – es ist ihm auch eine Lust, sie zu erwürgen. Einer Partydame wiederum ist es eine Lust, sich von Bruno würgen zu lassen – bis er dabei zu weit geht, inspiriert vom Anblick der jüngeren Senatorentochter, die ihm dabei zuschaut, die derselbe Typ ist wie die Ermordete, gleiche Frisur, gleiche Brille. Vierzehn solcher Symmetrien hat Raymond Durgnat gezählt,

47 Bruno demonstriert den idealen Würgegriff – bis der Anblick von Barbara Morton ihn an die von ihm erwürgte Miriam Haines erinnert. Patricia Hitchcock in ihrer markantesten Rolle in einem Film ihres Vaters.

die den Film durchwirken und die zu seiner latenten Komik beitragen.

Natürlich muß Guy gewärtigen, als Nutznießer der Tat in Verdacht zu geraten, und seinerseits versuchen, Bruno unschädlich zu machen, derweil Bruno sich in seine Kreise drängt, um ihn zur Erfüllung seines Teiles ihres »Vertrages« zu bewegen. Schließlich will Bruno Guys Feuerzeug als Mordindiz am Tatort deponieren; Guy spielt ein bravouröses Match gegen die Zeit; Bruno fällt derweil das Feuerzeug in einen Gulli, verzweifelt fingert er danach.

Wie Gegenstände bei Hitchcock funktionieren. Wenn man einen Hitchcockfilm erzählen solle, meint Godard, falle einem erst mal ein Bild ein, »meistens ein Gegenstand, Schuhe, eine Kaffeetasse, ein Glas Milch, Bordeaux-Flaschen«, ein Feuerzeug. Und Andrew Sarris (›American Cinema‹): »Hitchcocks Objekte sind die eigentliche Substanz seines Kinos. Diese Objekte verkörpern die Gefühle und Ängste von Personen«; sie sind Agenten ihrer unbewußten Strebungen und kehren sich oft gegen ihre rational bestimmten Absichten. In jedem Hitchcock-Thriller ist eine Slapstick-Komödie versteckt.

Der nächste ist wieder ein Ostküstenfilm und auch, wie später der ›The Wrong Man‹, ein typischer Warner-Film, alle drei von Robert Burks fotografiert in nüchternem Schwarzweiß, frei von Film-noir-Glamour.

Suspense, Spionage und Spitzelei 1950. Für mich ist das beste Suspense-Drama das, worin normale Leute in eine alltägliche Situation verwickelt werden, die sich dann (sehr bald schon) als ein glanzvoll gefährliches Rätselspiel erweist. Die Spionagegeschichten der Vorkriegszeit entsprachen dieser Definition voll und ganz. Aber heute ist mit Spionage nicht mehr viel Glanz verbunden – es gibt nur noch eine Art von Geheimnis zu stehlen, und da steht zuviel auf dem Spiel, als daß man dabei Rätsel raten möchte. Ich glaube, das Suspense-Drama wird ausgeräuchert aus seinen alten Schlupfwinkeln. Ich denke, wir müssen die Spionage vergessen und zu persönlicheren Arten der Bedrohung zurückfinden ... Der »MacGuffin« ... kann nicht länger darin bestehen, ausländische Agenten daran zu hindern, Papiere zu stehlen, oder darin, einen Code zu knacken ... Aber der glanzvolle Schurke bleibt ein Problem, in dieser tapferen neuen Welt, in der wir dazu abgerichtet werden, unseren Nachbarn zu verdächtigen und das Schlimmste von ihm zu erwarten.

»Master of Suspense. Being a Self-Analysis by Alfred Hitchcock«,
in: ›New York Times‹, 1950

48 Th. Leitch findet Hitchcocks Erscheinen »gottgleich in diesem seinem theologischsten Film«. N. P. Hurley, S. J., erscheint die Szene »höllisch«, die Treppengeländer erinnern ihn an Grabkreuze.

›I Confess‹ war ein Transatlantic-Projekt, das Hitchcock zu Warner mitbrachte, basierend auf einem französischen Stück von 1902, in dem das Beichtgeheimnis einen Priester daran hindert, einen Mord aufzuklären, den man ihm in die Schuhe schiebt. Wegen des katholischen Milieus, das die Handlung erfordert, verlegte Hitchcock sie nach Québec. Wieder drehte er viel im Freien, bezog sogar einen Regenguß spontan ins Geschehen ein und beschwor eine Stadtlandschaft so intensiv wie später nur wieder in ›Vertigo‹. Québec ist nicht nur Handlungsort, sondern lebendiger architektonischer Raum, in dem Straßen, Mauern und Häuser, Kirchen und Denkmäler Zeichen machen – der Kamera, den Personen der Handlung, dem Zuschauer. Es ist Hitchcocks expressionistischster Film.

Otto Keller (O. E. Hasse), der deutsche Küster von St. Mary's (Rolle und Darstellung erinnern an Verloc/Homolka in ›Sabotage‹), tötet, bei einem Diebstahl ertappt, einen Anwalt. Wieder ein Mord, von dem ein Dritter, ohne ihn gewollt zu haben, profitiert: Pater Logan (Montgomery Clift), von dessen früherem Verhältnis mit Ruth (Anne Baxter), der Frau eines

---

I Confess (Ich beichte, Zum Schweigen verurteilt). Buch George Tabori, William Archibald n. d. Stück ›Nos deux consciences‹ v. Paul Anthelme. Kamera Robert Burks. Bauten Edward S. Haworth, George James Hopkins. Schnitt Rudi Fehr. Musik Dimitri Tiomkin. Mit Montgomery Clift (Pater Michael Logan), Anne Baxter (Ruth Grandfort), O. E. Hasse (Otto Keller), Dolly Haas (Alma Keller), Roger Dann (Pierre Grandfort), Karl Malden (Inspektor Larrue), Brian Aherne (Staatsanwalt Willie Robertson)

aufstrebenden Provinzpolitikers, der Anwalt gewußt hat. Mit diesem Wissen hat er versucht, die Frau und den Pater zu erpressen; Kellers Tat, die dieser ihm beichtet, befreit sie von der Gefahr. Zugleich fällt aber Verdacht auf Logan. Er wird verhaftet, angeklagt, freigesprochen aus Mangel an Beweisen, von einer lynchwütigen Menge bedroht.

Der Titel meint nicht nur Kellers Beichte, mit der er den Priester zum Mitwisser macht, »zum Hehler«, sagt Hitchcock, und fast zum Märtyrer werden läßt. Ruth bekennt vor Gericht ihre Liebe zu Logan und macht dadurch ihre Ehe ehrlich. Kellers Frau stellt sich vor den von der Menge bedrohten Priester; das kostet sie und Keller selbst das Leben. In jedem dieser Bekenntnisse geht es um Leben und Tod, lassen sich zwei Menschen intim aufeinander ein, bis zur Selbstpreisgabe.

Ein anderes Hitchcock-Spiel (Leitch: ›And Other Hitchcock Games‹) besteht darin, für jeweils drei Filme in Folge einen Aspekt zu finden, der es erlaubt, sie eine Trilogie zu nennen. Die letzten drei der Warner-Periode handeln von Paaren, deren einer Teil verheiratet ist mit einem Dritten: Guy, der die Senatorentochter begehrt; die Politikergattin Ruth, deren Liebe dem Pater gilt. Und schließlich Margot Wendice in ›Dial M for Murder‹.

Der Film beginnt mit zwei Küssen, dem eines Ehepaares und dem zweier Liebender. Die Frau ist in beiden Fällen dieselbe: Margot (Grace Kellys erste Hitchcock-Rolle), verheiratet mit dem Engländer Tony Wendice (Ray Milland), einem ehemaligen Tennischampion, und Geliebte des amerikanischen Krimiautors Mark Halliday (Robert Cummings). Hitchcock konstatiert den Ehebruch mit Nachdruck, aber ohne Erklärung, ohne Urteil.

Der Betrogene ist kaum eifersüchtig wegen des Seitensprungs seiner Frau, aber er ist scharf auf ihr Geld. Durch Er-

Dial M for Murder (Bei Anruf Mord). Buch Frederick Knott n. s. Stück. Kamera Robert Burks. Musik Dimitri Tiomkin. Schnitt Rudi Fehr. Mit Ray Milland (Tony Wendice), Grace Kelly (Margot Wendice), Robert Cummings (Mark Halliday), John Williams (Chief Inspector Hubbard), Anthony Dawson (Swann)

pressung und Bestechung gewinnt er einen alten Bekannten
für einen Anschlag auf Margot. Die kann sich zwar aus dem
Würgegriff des Attentäters befreien und ihn ihrerseits mit einer Schere erstechen, wird dann aber von ihrem Mann geschickt dem Verdacht ausgesetzt, seinen Handlanger absicht-
lich getötet zu haben, weil der sie habe erpressen wollen.
Margot wird zum Tode verurteilt; schließlich gelingt es aber
einem von ihrer Schuld nicht überzeugten Kriminalinspektor,
gemeinsam mit ihrem Geliebten, ihrem Mann eine Falle zu
stellen.

›Dial M for Murder‹ ist nach drei schwarzweißen wieder
ein Farbfilm und der einzige Hitchcockfilm in 3-D. Das umständliche Technicolor-Aufnahmeverfahren wurde nach 1950
von dem handlicheren Eastmancolor abgelöst, und der Anteil
von Farbfilmen an der Gesamtproduktion verdoppelte sich.
Ähnlich wie in ›Rope‹ unterstützen die Farben – Grace Kellys
Kostüme, erst rot, dann rostbraun, grau, schwarz – den Eindruck zunehmender Bedrohung.

3-D war Hollywoods erste Reaktion auf den Besucher-
schwund der frühen fünfziger Jahre, noch vor Scope und
Todd-AO. Warner hatte mit dem Verfahren bei einem Horrorfilm Erfolg gehabt, Hitchcock nutzt es aber nicht für krasse
Effekte. Fast so rigoros wie in ›Rope‹ verzichtet er darauf, den
geschlossenen Bühnenraum durch Ausflüge ins Freie »filmisch« aufzulockern – die eingeschobene Gerichtsverhandlung besteht fast nur aus einer einzigen langen, starren Großaufnahme der Angeklagten, in wechselnder Beleuchtung. Dafür
steigert er die Präsenz der Gegenstände in diesem Raum, die –
zu sehen ist das auch in nicht-plastischen Kopien – bedroh-
lich oder verräterisch wirken, längst ehe sie in die Handlung
eingreifen.

François Truffaut: Als das Licht wieder anging, wurde ein Scheinwerfer
auf die Loge gerichtet, in der Hitchcock mit seiner Frau Alma saß. Gedrängt, nun noch etwas zu sagen, erklärte er: »As you have seen on the
screen, scissors are the best way.« Es besagte zum einen, daß die Mordszene in ›Dial M for Murder‹ die überzeugendste sei; zum anderen feierte
der Satz die Montage, die mit der Schere passiert.

Truffaut/Hitchcock

Film für Film

Mit ›Dial M for Murder‹ hatte Hitchcock seine Verpflichtungen der Warner gegenüber erfüllt. Seine Filme waren zunehmend erfolgreich gewesen. Nur ›Stage Fright‹ war ein leichtes Verlustgeschäft; ›Strangers on a Train‹ und ›I Confess‹ hatten je eine Million gekostet und das Doppelte eingespielt; bei ›Dial M for Murder‹ standen Kosten von zwei bald Einnahmen von über fünf Millionen gegenüber. Hitchcock war der Firma, die es ihm ermöglicht hatte, sich mit selbstgewählten Sujets auf dem Markt zu behaupten, dankbar. Er erklärte sich bereit, ohne Gage, gegen eine zehnprozentige Beteiligung an den Einnahmen, noch einen Film für sie zu drehen.

Im Sommer 1953 schloß sein Agent Lew R. Wasserman für ihn mit Paramount Pictures einen Vertrag über neun Filme ab. Wasserman, der seine Karriere als Platzanweiser und Bonbonverkäufer begonnen hatte, war seit 1946 Präsident von MCA (Music Corporation of America), einer Künstleragentur und Fernsehfirma, die sich anschickte, ins Filmgeschäft einzusteigen. Fünf der neun Filme sollte Hitchcock selbst produzieren, die Rechte daran würden acht Jahre nach dem Start an ihn fallen.

Schon bei Warner hatte Hitchcock sich das Recht ausbedungen, zwischendurch für andere Firmen zu arbeiten, davon aber keinen Gebrauch gemacht. Auch mit der Paramount schloß er keinen Exklusivvertrag, so daß er nach vier Filmen und zwischen den beiden noch folgenden den der Warner versprochenen und einen für MGM realisieren konnte.

Die Anordnung der Bilder auf der Leinwand, die etwas ausdrücken soll, darf nie von den tatsächlichen Gegebenheiten abhängig gemacht werden. Unter keinen Umständen. Die Filmtechnik erlaubt einem, alles zu bekommen, was man nur will, alle Bilder zu realisieren, die man sich vorgestellt hat. Es gibt also keinen Grund, auf etwas zu verzichten oder sich auf einen Kompromiß einzulassen zwischen dem gewünschten und dem erreichten Bild.

Truffaut/Hitchcock

> Es gibt eine Periode von zehn Jahren, die Zeit von ›Rear Window‹ bis ›Psycho‹, deren Reichtum man vergleichen kann mit dem gewisser Maler der Renaissance, die aber nicht diese Verbreitung hatten, außer vielleicht Michelangelo bei den Christen. *Jean-Luc Godard*

Anders als bei Warner durfte er nun auch Stars seiner Wahl einsetzen, in drei Filmen James Stewart und in je zweien Cary Grant und Grace Kelly. Bei den ersten vier Paramount-Filmen stand ihm als Szenarist und Dialogist John Michael Hayes zur Seite, ein junger Autor mit Hörspielerfahrung. Von Warner brachte Hitchcock Robert Burks mit, der bis 1964 mit einer Ausnahme alle seine weiteren Filme fotografierte. Für die Garderobe war künftig Edith Head verantwortlich, für den Schnitt bis zu seinem Tod George Tomasini, sein Komponist war von seinem dritten Paramount-Film an Bernard Herrmann.

Pan-opticum

›Rear Window‹, nach einer Kurzgeschichte von William Irish (alias Cornell Woolrich), handelt von einem Mann, dessen Beruf und Leidenschaft das Sehen ist. Jeff ist Fotoreporter und durch einen Unfall in seiner Wohnung in Greenwich Village an einen Rollstuhl gefesselt. Bevor sie ihn zeigt, präsentiert die Kamera den Handlungsort (ein kompliziert geschachtelter Kunstbau auf dem Paramount-Gelände, mit Einblicken in 31 Wohnungen, zwölf davon vollständig möbliert), schwenkt über die Hausfront, die Jeffs Fenster zum Hof gegenüberliegt, dann erst auf ihn, wie er gerade schweißbedeckt aus einem Traum erwacht und die Augen öffnet. Es ist, als konditioniere sein Unbewußtes Jeffs Blick.

Paramount. 1927 schlossen sich Famous Players-Lasky (vgl. S. 21) und der Paramount-Verleih unter dessen Namen zusammen, dazu kam 1930 die Publix-Kinokette. Adolphe Zukor wurde und blieb 30 Jahre Direktor. Krisenkino zu Beginn der Dreißiger: Marx Brothers und Mae West. Dann Sophisticated Comedies. Regisseure, Techniker und Stars vielfach Europäer (Sternberg, Lubitsch, Negri, Dietrich). »MGM glänzt, Paramount leuchtet.« In den Vierzigern Screwball Comedies (Billy Wilder, Preston Sturges). 1950 Trennung vom Kinopark gerichtlich verfügt. Paramount verweigerte sich CinemaScope und setzte auf VistaVision.

›Rear Window‹ ist Hitchcocks zweiter Film mit James Stewart und in verschiedener Hinsicht Fortsetzung und Variation von ›Rope‹. Wieder leidet der Held an einer Beinverletzung (dort kriegs-, hier berufsbedingt) und ist Junggeselle; wieder imaginiert er einen Mord und klärt ihn dann auf. Aber es manifestiert sich in ihm auch der anonyme Zuschauer; aus dem Operngucker, den in ›Rope‹ die Kamera vertrat, wird hier Jeffs Fotoapparat mit dem phallischen Teleobjektiv. Sein Zimmer ist eine Camera Obscura, aber auch eine Opernloge, in der er Besucher empfängt.

Es ist auch Grace Kellys zweite Hitchcock-Rolle, sie und Stewart sind ein gelungenes Tandem. Als sie ihn wachküßt – sie der Prinz, er Dornröschen – und er sie fragt, »Who are you«, bietet sie an »Von oben nach unten: Lisa – Carol – Freeman«, einen kompletten, doppelgeschlechtlichen Namen, gegen den er, quasi-kastriert, nur zwei Initialen und eine Abkürzung als Spitznamen bieten kann, L.B. und »Jeff« für Jefferies.

Die Hausfront gegenüber ist Bühne, Leinwand. Jeff ist nicht nur Kamera, sondern auch Projektor; er wirft auf das, was er sieht, seine eigenen Ängste und Wünsche. Irgendwie erscheinen alle auf der Gegenseite, Singles wie Paare, als Varianten dessen, was Jeff und Lisa bevorstehen mag, je nachdem, ob er ihrem Heiratswunsch nachgibt oder sich weiterhin widersetzt. »Und es gibt hier dieselbe Symmetrie wie in ›Shadow of a Doubt‹«, sagt Truffaut, »auf der einen Seite das Paar Stewart-Kelly, er mit seinem Bein in Gips, während sie sich frei bewegen kann, und auf der anderen Seite des Hofes die kranke, ans Bett gefesselte Frau, deren Ehemann kommt und geht.« Zwei Unstete, Thorwald Handelsreisender, Jeff Auslandsreporter.

Man tut Jeff Unrecht, wenn man in ihm nur einen Spanner sieht, der sich aufgeilt an verbotenen Bildern. Ihn treibt vor allem die Lust, zu kombinieren und zu montieren. Die Ästhe-

---

Rear Window (Das Fenster zum Hof). Buch John Michael Hayes n. d. Kurzgeschichte v. Cornell Woolrich. Kamera Robert Burks. Musik Franz Waxman. Mit James Stewart (L. B. Jefferies), Grace Kelly (Lisa Fremont), Wendell Corey (Tom Doyle), Thelma Ritter (Stella), Raymond Burr (Lars Thorwald)

49 Augenlust und -leid. Jeff und Lisa, James Stewart und Grace Kelly

tik seiner Wahrnehmung ist das Layout einiger Seiten in ›Life‹ oder ›Look‹, wie seine Rennreportage an der Zimmerwand. Vom Zuschauer wird er zum Regisseur, greift von seiner Loge aus ins Bühnengeschehen ein, per Telefon – wie Hitchcock, wenn er über Kurzwelle den Schauspielern im Nachbarhaus Anweisungen gab, die sie über fleischfarbene Ohrstöpsel empfingen –, und bekämpft den Mörder, nachdem er ihn herübergelockt hat, mit seinem Berufswerkzeug, blendet ihn mit dem Blitzlicht, bis der andere ihn dann doch noch mit seinem Lager über die Fensterbrüstung kippt.

›Rear Window‹ ist Hitchcocks letzter reiner Studiofilm und der letzte im klassischen Academy-Format. Die Krise der Filmindustrie legte Außenaufnahmen nahe, vor allem im billigen

Grace Kelly (1918–1982). Tochter eines reichen Industriellen und eines Covergirls aus Philadelphia. Mit zehn zum Theater. Bühnen- und Filmrollen (›High Noon‹), die mehr Anerkennung als Popularität brachten, bis Hitchcock in drei Filmen 1954/1955 ihr Image als überlegene, intelligente, äußerlich kühle, dabei im Grunde leidenschaftliche Blondine kultivierte. Bei den Dreharbeiten zu ›To Catch a Thief‹ lernte sie Fürst Rainier III. von Monaco kennen. Letzte Rolle 1956 als moderne Märchenprinzessin in ›The Swan‹. Im selben Jahr Heirat (Fürstin Gracia Patricia Grimaldi). Tod bei Autounfall.

Ausland, und Farbe und Breitwand als Argument gegen den kleinen, schwarzweißen Fernsehschirm. Seine folgenden Paramount-Filme drehte Hitchcock ganz oder teilweise im Freien, mit Außenaufnahmen an der Côte d'Azur, in Vermont, Marokko und San Francisco, in Farbe und in VistaVision.

VistaVision war Paramounts Antwort auf CinemaScope, das Breitwandverfahren von Fox und Warner. Seine auf dem normalen 35-mm-Filmstreifen vertikal statt horizontal angebrachten Bilder erlaubten eine um ein Drittel gesteigerte Bildschärfe und damit, bei Bewahrung des klassischen 3:4-Seitenverhältnisses und ohne anamorphotische Verzerrung, ein größeres Leinwandbild. Damit kam VistaVision Hitchcocks Neigung zur »inneren Montage« entgegen, zu weiten Bildwinkeln, langen Fahrt- und Schwenkaufnahmen und gestaffelten, in langsamer Bewegung sich erschließenden Räumen.

›To Catch a Thief‹ ist ein Ferienfilm, mit einem Helden im Ruhestand, einem ehemaligen Fassadenkletterer und Juwelendieb, längst rehabilitiert durch Teilnahme an der Résistance und bürgerlich geworden. Er stellt sich der Polizei von Nizza zur Verfügung, um ihr bei der Aufklärung von Einbrüchen zu helfen, die jemand unter Benutzung seiner »Handschrift« verübt.

Wieder begeht also ein anderer stellvertretend für den Helden Taten, gerät dieser zu Unrecht in Verdacht, muß er den

50 Maskenball an der Riviera: die Mutter (Jessie Royce Landis) und die Tochter (Grace Kelly), dazwischen ihr schwarzer Diener (Cary Grant)

wahren Täter überführen helfen. Doch John Robie (Cary Grant) gerät durch den Verdacht weniger in Gefahr, als daß er ihn verführerisch macht – gerade durch sein kriminelles Air ist er interessant für die amerikanische Millionenerbin Frances (Grace Kelly).

Seine Recherche nötigt Robie, wie Hannay in ›The 39 Steps‹, eine Reihe von Maskeraden auf, als Holzfäller-Taicoon, Fischer, schwarzer Diener. Sein Verwandlungstalent macht auch nicht halt vor der Differenz der Geschlechter, und es paßt, daß sein Imitator ein Mädchen ist; sie tragen beide (Truffaut in seiner Kritik des Films:) »ein genauso gestreiftes Badekostüm, Cary Grant in Blauweiß, Brigitte Auber in Rotweiß, Cary Grant trägt seinen Scheitel rechts, Brigitte Auber links. Sie sind einander ähnlich und zugleich der eine das genaue Gegenteil des anderen, so tragen sie bei zu der schönen Symmetrie des Werkes«.

›The Trouble with Harry‹ sei ja fast wie eine Umkehrung seines beliebten Themas des zu Unrecht Verfolgten, meint Bogdanovich; »alle Figuren fühlen sich schuldig an Harrys Tod, und dann entdecken sie, daß sie nichts damit zu tun hatten«. »Das stimmt, ja.«

Captain Wiles stößt bei der Jagd auf eine Leiche und versucht, sie zu beseitigen. Nacheinander stören ihn dabei: Miss Graveley, eine alte Jungfer, Jennifer, eine junge Witwe (Shirley MacLaines erste Rolle), Sam Marlow, ein moderner Maler. Jennifer war mit dem Toten verheiratet und hat den Sonderling, als er ihr bei einem Besuch am Morgen zusetzte, mit der Milchflasche traktiert. Miss Graveley hat er später belästigt, und sie hat sich mit Wanderschuh und -stock zur Wehr gesetzt. Beim zweiten Mal versuchen Wiles und Sam gemeinsam, den Toten zu begraben, beim dritten Wiles und Miss Graveley, beim vierten alle vier. Dann stellt Sam fest, daß er und Jennifer nicht hei-

---

To Catch a Thief (**Über den Dächern von Nizza**). Buch J. M. Hayes n. e. Roman v. David Dodge. Kamera Robert Burks, Wallace Kelley. Musik Lynn Murray. Mit Cary Grant (John Robie), Grace Kelly (Frances Stevens), Jessie Joyce Landis (Mrs. Stevens), Brigitte Auber (Danielle Foussard), Charles Vanel (Bertrani)

The Trouble with Harry (**Immer Ärger mit Harry**). Buch J. M. Hayes n. d. Roman v. John Trevor Story. Kamera Robert Burks. Musik Bernard Herrmann. Mit Edmund Gwenn (Cpt. Wiles), John Forsythe (Sam Marlowe), Shirley MacLaine (Jennifer Rogers), Mildred Natwick (Miss Graveley), Mildred Dunnock (Mrs. Wiggs)

51 Vermont im Herbst, von morgens gelb bis abends rot – am Rande der Fäulnis

raten können ohne den Nachweis von Harrys Tod. Sie exhumieren ihn neuerlich, der Arzt konstatiert Herzschlag, und die Leiche wird wieder an der Fundstelle ausgelegt.

»A nice little pastorale«, fand Hitchcock, ein Stück typisch englischen Humors, Horror mit Understatement. Der durchsichtigste von allen Hitchcockfilmen. Vermont im Herbst, leuchtende Farben, von morgens gelb bis abends rot. Ein Bild wie gerahmt, in das nacheinander die Figuren eintreten, allesamt total charakterlos, jenseits von Gut und Böse. »Es ist Schicksal, göttlicher Wille, Ihr Gewissen ist rein«, will der Maler den Captain beruhigen. Darauf der: »Ich habe kein Gewissen – ich mache mir Sorgen wegen der Polizei.« Die ist natürlich nur dazu gut, die Spuren verschwinden zu lassen.

Der menschliche Kadaver mittendrin ist nur ein Stein des Anstoßes, um ihn ist kein Geheimnis, kein Schauer, kein Schrecken. Über der Leiche finden die vier zueinander, formieren sich zum Reigen, spiegeln sich einer im anderen, alt und jung, männlich und weiblich, und finden sich zu Paaren. Wie bei Lubitsch, und wie eine von dessen frühen Berliner Farcen könnte der Film heißen: ›Wenn vier dasselbe tun‹.

Weitere Mitarbeiter in der Paramount-Periode:
Herbert Coleman (Regieassistent, Associate Producer), Richard Mueller (Farbberatung), Hal Pereira, Henry Bumstead (Art Direction), Sam Comer (Bauten), Edith Head (Kostüme), Harold Lewis und John Cope (Ton), George Tomasini (Schnitt), Saul Bass (Titel), John P. Fulton, Farciot Edouart (Special Effects)

Schon in der Selznick-Zeit hatte Hitchcock an ein Remake von ›The Man Who Knew Too Much‹ gedacht. Jetzt griff er das Projekt auf als Vehikel für James Stewart, »glaubwürdig als Professor, Arzt, Familienvater«. Nicht aus dem nebeldunklen London kommt das Paar diesmal, sondern aus Indianapolis, Indiana, Inbegriff von Mid-America; Ferien macht es nicht im Schnee der Alpen, sondern in der bunten Hitze Marokkos. Er, Ben McKenna, ist Arzt, sie, Jo, eine frühere Schlagersängerin, und sie haben einen Sohn, keine Tochter.

Wie in der ersten Fassung werden sie zu Mitwissern eines Attentatsplans, wird ihr Kind entführt, müssen sie sich selbst auf die Suche machen. Ebenso soll das Attentat während einer Aufführung bei einem Konzert in der Albert Hall stattfinden, soll der Schuß beim Beckenschlag fallen und ist das die Paradenummer des Films. Aber der neue Film ist doppelt so lang wie der alte, der alte war ohne, der neue ist mit Stars, der alte schwarzweiß, der neue farbig. Im England der Depressionszeit drehte Hitchcock einen Action-Thriller, gipfelnd in einem Mabuse-artigen Countdown zwischen Anarchisten und Polizei, im Amerika der Eisenhower-Zeit eine Thriller-Komödie vor dem Hintergrund der Familien-Melodramen derselben Zeit (Sirks ›Imitation of Life‹, Minnellis ›Home from the Hill‹, Rays ›Bigger Than Life‹). Die Genremischung bringt eine Problematisierung der Geschlechterrollen mit sich. Anders als in dem englischen Thriller sind hier auch die Kidnapper ein Paar, eine Kontrafaktur der Helden, sind beide Frauen männlichem Dominanzanspruch ausgesetzt und begehren schließlich dagegen auf.

52 Farbregie: Nicht blutig rot färbt sich der Burnus des von einem Messerstich tödlich getroffenen Sureté-Agenten (Daniel Gélin), sondern blau! Er hat auf der Flucht einen Farbtopf umgeworfen und ist gestürzt.

Jill in der Fassung von 1934 und Jo in der von 1956 tragen durch ein eigenes, ausgebildetes Talent bei zur Befreiung ihres Kindes, die emanzipierte Engländerin durch ihr Freizeithobby, das Schießen; die Amerikanerin dagegen hat sich als Sängerin einen, ihren Namen gemacht, ehe sie ihn und ihre Karriere auf dem Altar von Ehe und Familie opferte.

James Stewart, sonst bei Hitchcock immer Junggeselle, ist hier ein Ehemann, der sich mit der Zeugung eines Sohnes der ehelichen Pflichten enthoben fühlt. Doris Day ist für ihre Rolle prädestiniert durch Star-Image und Stimme. Mit einem Schrei rettet sie den attentatsbedrohten Politiker; durch ihren Gesang (›Que sera, sera!‹) weckt sie die Aufmerksamkeit ihres gekidnappten Jungen. Die Idee war wieder von Shakespeare, aus ›Richard III.‹, »wo jemand singt zur Ablenkung. Aber da sind wir wieder bei unserem alten Thema: Wenn man im Film über ein bestimmtes Element verfügt, soll man es benutzen; hat man einen Sänger, soll man ihn nicht einfach singen lassen, sondern das für die Handlung nutzen.«

Musik spielt in ›The Man Who Knew Too Much‹ eine ähnliche Rolle wie Literatur in ›Rope‹, Fotografie in ›Rear Window‹, Malerei in ›The Trouble With Harry‹ – darauf hat Dave Kehr (›Hitch's Riddle‹) aufmerksam gemacht. Immer ist Kunst für eine der Hauptfiguren Beruf, trägt ihre Ausübung zur Geschichte bei, inspiriert sie Hitchcocks Inszenierung.

Mit ›The Man Who Knew Too Much‹ endete die Mitwirkung von John Michael Hayes als Drehbuchautor. Als Hitchcock nichts mehr wissen wollte von der Erhöhung der Gage, die er Hayes mehrfach in Aussicht gestellt hatte, sondern ihm auch noch zumutete, seinem Beispiel folgend, für den nächsten, Warner versprochenen Film auf jede Gage zu verzichten, beendete Hayes die Zusammenarbeit. Eric Rohmer: »Seinen

---

The Man Who Knew Too Much (Der Mann, der zuviel wußte). Buch John Michael Hayes n. e. Idee v. Charles Bennett und D. B. Wyndham-Lewis. Kamera Robert Burks. Musik Bernard Hermann. Mit James Stewart (Dr. Ben McKenna), Doris Day (Jo McKenna), Brenda De Banzie (Mrs.

Drayton), Bernard Miles (Mr. Drayton), Daniel Gélin.

schneidenden, zynischen, sogar bösartigen Dialogen verdanken die Filme dieser Periode ihre offenkundige Verwandtschaft.« Die Figuren dieser vier Filme sind amüsant nicht nur für den Zuschauer, sondern auch einer für den anderen.

Es sei »nicht schwierig«, meint Žižek, »in dem typischen Hitchcockschen Helden der fünfziger und frühen sechziger Jahre die Züge eines ›pathologischen Narziß‹ wiederzuerkennen, der Subjektivitätsform, die die sogenannte ›Konsumgesellschaft‹ charakterisiert.« Schlimmer: »Jede Partnerschaftsbeziehung [ist] entweder zum Scheitern verurteilt oder völlig frei von libidinösem Inhalt, d. h. Partnerschaft und Liebesbeziehungen schließen einander aus.« Doch möchte man, solange Hayes ihnen den Dialog schrieb, den Paaren Stewart-Kelly und Kelly-Grant die Aussicht auf Erhalt oder Wiederherstellung des libidinösen Inhalts ihrer Beziehung nicht völlig bestreiten. Mit der Verbindung, die sie am Ende (wieder) eingehen, opfern sie doch einen Teil ihrer Selbstbezogenheit.

Von den vier von Hayes geschriebenen Filmen waren drei große Kassenerfolge. Nur ›The Trouble with Harry‹ war ein Flop, hatte aber auch nur eine Million gekostet; die anderen hatten je um zwei Millionen gekostet und spielten sofort über das Doppelte ein. Auch das sollte sich ändern.

Cahiers du Cinéma: Sie erwähnen im Zusammenhang mit [Hitchcock] wohl eine Funktion wie die »Demarkierung«, die implizit auf den Blick Bezug zu nehmen scheint. Aber der Begriff des Blicks, selbst das Wort, kommt in ihrem Buch [›Das Bewegungs-Bild. Kino 1‹] nicht vor. Ist das Absicht?
Jacques Deleuze: Es stimmt, Hitchcock hat den Zuschauer in den Film hineingenommen, wie Truffaut, Douchet gezeigt haben. Aber das ist keine Frage des Blicks. Das ist so, weil er die Aktion mit einem ganzen Gewebe von Beziehungen umgibt. Die Aktion ist etwa ein Verbrechen. Aber die Beziehungen, das ist eine andere Dimension: der Verbrecher »gibt« sein Verbrechen einem anderen, oder er tauscht es, oder er rückerstattet es. Das haben Rohmer und Chabrol so gut gesehen. Diese Beziehungen sind keine Aktionen, sondern symbolische Akte, die nur mental existieren (die Gabe, der Tausch usw.). Das ist es, was die Kamera enthüllt: Bildfeld und Kamerabewegung manifestieren mentale Beziehungen ... Das Bildfeld ist bei ihm wie ein Webrahmen: Der hält die Kettfäden der Beziehungen, während die Aktion nur den beweglichen Einschüssen entspricht, die darunter und darüber durchschießen. Was Hitchcock so ins Kino einführt, ist also das mentale Bild. Das ist keine Angelegenheit des Blicks, und wenn die Kamera ein Auge ist, so ein Auge des Geistes ...
›*Cahiers du Cinéma*‹, 1983

Expanded Cinema

So aufgeschlossen wie dem Ton, der Farbe, 3-D und Vista Vision, wie dem Schüfftan-Verfahren und dem Zoom begegnete Hitchcock dem Fernsehen. Neue Techniken scheinen ihm immer gerade recht zu kommen, neue Formen zu realisieren – Godard: er »beweist uns, daß eine technische Neuerung nichts wert ist, wenn ihr nicht auch eine formale entspricht, in deren Schmelztiegel sie das prägt, was man Stil nennt«. Zu ›Elstree Calling‹, einem Episodenfilm der BIP, steuerte er 1930 eine Rahmengeschichte bei, in der eine Londoner Familie sich abmüht, eine Show in ihren Fernseher zu holen. Fernsehtechniken praktizierte er schon in ›Juno and the Paycock‹ und wieder in ›The Paradine Case‹.

1955 gaben die majors ihre anfängliche Reserve auf und suchten Zugang zum Fernsehmarkt. Im Herbst kamen drei Serien heraus, ›Warner Bros. Presents‹, ›The 20th Century-Fox Hour‹ und ›MGM Parade‹, die auf früheren Hits der Firmen basierten und allesamt scheiterten. Zur selben Zeit verabredete Hitchcock mit CBS die Serie ›Alfred Hitchcock Presents‹, die von seiner eigenen Gesellschaft Shamley Productions hergestellt wurde, jede Folge für 129 000 Dollar. Als Produzentin verpflichtete er Joan Harrison, seine frühere Sekretärin und Szenaristin, jetzt verheiratet mit Eric Ambler. 1960 wechselte die Serie für eine Spielzeit zu NBC, kam dann für zwei Jahre als ›The Alfred Hitchcock Hour‹ zu CBS zurück und war anschließend noch einmal ein Jahr lang bei NBC. Bis 1962 wurden 359 halbstündige Folgen produziert, bis 1965 bei NBC dann noch 93 Folgen von je 50 Minuten.

20 Folgen, 17 30- und drei 50minütige (›I Saw the Whole Thing‹, ›Four O'Clock‹ und ›Incident at the Corner‹), inszenier-

---

Wegen der geringen Kosten kann sich der Fernsehregisseur den Luxus »künstlerischer« Capricen erlauben. Wenn ihm danach ist, kann er sogar dichten. Schluß mit den Kompromissen!

Jede Einstellung wird nur einmal aufgenommen. Ich glaube mehr und mehr an das Unvollkommene, nicht bei der Vorbereitung und nicht beim Buch, aber bei der Darstellung.

Es ist sehr angenehm, vor einer Fernsehkamera aufzutreten. Man muß nur gerade ins Objektiv schaun. Das Entscheidende ist, daß der Blick nicht wandert – sonst wirkt man gleich wie ein Schwindler.

›Cahiers du Cinéma‹, 1956

te Hitchcock zwischen 1955 und 1960 selbst – die Auswahl traf Joan Harrison für ihn. Andere Regisseure der Reihe hatten schon oder machten sich später einen Namen: John Brahm, Sydney Pollack, Robert Altman, William Friedkin, Arthur Hiller, Stuart Rosenberg.

Was ihn bei der Fernseharbeit am meisten gereizt habe, fragt Bogdanovich. »Die Herausforderung des Tempos – die meisten Halbstundenfilme wurden in drei oder vier Tagen gedreht«, keine Einstellung mehr als zweimal. In einem Memo wies Hitchcock die Lektoren, die nach Vorlagen für die Serie Ausschau halten sollten, an: »Der Gattung nach sollten die Kurzgeschichten auf jeden Fall dem Suspense- oder Thriller-Typ angehören. Es kann auch, wenn nötig, eine Geistergeschichte sein, gemeinsam sollte allen aber sein, daß sie mit einem ›twist‹, einem ›Dreh‹ enden, einer nahezu schockartigen Wendung im letzten

53–57 Hitchcock Presenting Hitchcock: In dem Selbstportrait aus acht Strichen, begleitet von Gounods ›Trauermarsch für eine Marionette‹, blendet auf und aus der Titel. Herzu seine Silhouette, bis sie die Zeichnung ausfüllt, Schwenk nach rechts, Auftritt Hitchcock – hier 1961 vor ›Bang! You're Dead!‹.

Satz oder der letzten Situation.« 1919, in ›Gas‹, hatte der Zwanzigjährige das vorgemacht.

Entschieden optierte Hitchcock im Fernsehen für die Kleine Form. »Ich hasse nichts so sehr wie die großen Dramen, die drei Stunden Projektionszeit erfordern und die man im Fernsehen auf eine halbe Stunde zusammenkocht.« Er adaptierte Kurzgeschichten einiger seiner Lieblingsautoren, deutlich sind aber auch Reminiszenzen an Poe und das Kino seiner Kindheit, an die Griffith-Zweiakter mit ihren starken Pointen, Mack Sennetts Slapstickfilme und ihre Verwendung authentischer kalifornischer Schauplätze und an alles, was über Vaudeville und Comics ins Kino Eingang fand, woran unmittelbar auch seine eigenen clownesken Ein- und Ausführungen erinnern. Einzelne Folgen von ›Hitchcock Presents‹ und der ›Hitchcock Hour‹ sind Lehrstücke für audiovisuelle narrative Vorgehensweisen, als wollten sie das Kino fürs Fernsehen neu erfinden.

Einige stehen in einem losen Zusammenhang mit einem seiner Kinofilme. In ›Revenge‹ probt Vera Miles für ihre Rolle in ›The Wrong Man‹: Verstört erzählt sie ihrem von der Arbeit in ihren Caravan heimkehrenden Mann, sie sei überfallen worden. Er will sie rächen. Sie zeigt auf einen: »Der war's«, worauf ihr Mann ihn erschlägt. Später zeigt sie, mit demselben unbewegten Gesicht, auf einen anderen: »Der war's.« – ›Back for Christmas‹ greift den alternativen Schluß von ›Suspicion‹ auf: Der Held bringt seine Ehefrau um, begräbt sie unter seinem Haus und verreist; er weiß nicht, daß sie eine Baufirma beauftragt hat, genau da einen Weinkeller auszuheben, als Überraschung für ihn, wenn er Weihnachten nach Hause kommt.

Ein courtroom drama wie ›The Paradine Case‹ und zugleich eine Paraphrase auf Kurosawas ›Rashomon‹ ist ›I Saw the Whole Thing‹. Fünf Personen sind Zeugen eines Autounfalls mit tödlichem Ausgang und Fahrerflucht; nacheinander sieht

---

Von Hitchcock selbst inszenierte Fernsehfilme:
Revenge (Alfred Hitchcock Presents, Nr. 1), 1955. Nach Samuel Blas. Mit Ralph Meeker, Vera Miles
Breakdown (Alfred Hitchcock Presents, Nr. 7), 1955. Nach Louis Pollock. Mit Joseph Cotten
The Case of Mr. Pelham (Alfred

Hitchcock Presents, Nr. 10), 1955. Nach Anthony Armstrong. Mit Tom Ewell
Back for Christmas (Alfred Hitchcock Presents, Nr. 25), 1956. Nach John Collier. Mit John Williams, Isobel Elsom
Wet Saturday (Alfred Hitchcock Presents, Nr. 40), 1956. Nach John

man sie, mit dem Unfallgeräusch im Off, dann friert das Bild ein. Ihre Aussagen sind widersprüchlich, der Angeklagte kommt frei und bekennt einem Freund, daß seine schwangere Frau am Steuer saß. Eine sehr ungewöhnliche Konstruktion, fand Bogdanovich, gewissermaßen die Untersuchung einer Illusion. Hitchcock: »Jeder denkt, er hat recht und weiß, was wahr und was falsch ist. Aber es gibt keine Garantie, daß das Wahre wahr ist – überhaupt keine.«

Von Roald Dahl stammt die Vorlage zu ›Lamb to the Slaughter‹, worin Barbara Bel Geddes ihren Ehemann, als er sie einer anderen wegen verlassen will, mit einer gefrorenen Lammkeule erschlägt und die Tatwaffe den Untersuchungsbeamten zum Abendessen vorsetzt; ebenso die zu ›Mrs. Bixby and the Colonel's Coat‹, deren Geschichte auch Jacques Rivettes Kurzfilm ›Le Coup du Berger‹ erzählt: Mrs. Bixby bekommt von ihrem langjährigen Liebhaber zum Abschied einen Nerzmantel geschenkt, bringt ihn ins Leihhaus und gibt ihrem Mann den angeblich von ihr gefundenen Leihschein – den ausgelösten Mantel trägt hinterher Mr. Bixbys Sekretärin.

Andere Folgen erinnern an Erzählungen von Poe, ›Breakdown‹, ebenfalls nach Roald Dahl, an ›The Premature Burial‹: Joseph Cotten ist nach einem Unfall total gelähmt, nur sein Gehirn arbeitet einwandfrei; er gilt für tot; im Leichenschauhaus schließlich tritt eine Träne in sein Auge – die erste, die der harte Geschäftsmann in seinem Leben geweint hat.

In ›The Case of Mr. Pelham‹ glaubt Tom Ewell, wie Poes William Wilson, ein Doppelgänger verdränge ihn schrittweise aus seinen angestammten Rollen und wird darüber wahnsinnig – erzählt er; vielleicht war es aber sowieso und hat die Geschichte, wie Francis im ›Dr. Caligari‹, nur erfunden.

Nach dieser Sendung ließ Hitchcock sich in eine Zwangsjacke stecken und abführen, laut protestierend, und erschien

---

Collier. Mit Cedric Hardwicke, John Williams
Mr. Blanchard's Secret (Alfred Hitchcock Presents, Nr. 52), 1956. Nach Emily Neff. Mit Mary Scott
One More Mile to Go (Alfred Hitchcock Presents, Nr. 67), 1957. Nach F. J. Smith. Mit David Wayne
Four O'Clock (Suspicion, Nr. 1),

1957. Nach Cornell Woolrich. Mit E. G. Marshall, Nancy Kelly
The Perfect Crime (Alfred Hitchcock Presents, Nr. 81), 1957. Nach Ben Ray Redman. Mit Vincent Price
Lamb to the Slaughter (Alfred Hitchcock Presents, Nr. 106), 1958. Buch Roald Dahl. Mit Barbara Bel Geddes

58 Fernsehauftritt mit Partner

dann zur Absage noch einmal, bedauernd den Kopf schüttelnd über seinen »Doppelgänger«.

Mehr als seine Filme und auch seine Kinofilm-Kameen beförderten diese Fernsehauftritte Hitchcocks Popularität und seinen Status als öffentliche Figur. »Guten Abend. Ich bin Alfred Hitchcock«, präsentierte er sich am 2. Oktober 1955, »und heute abend stelle ich Ihnen die erste einer Serie mit Suspense- und Mystery-Geschichten vor, die, welch ein Zufall, auch noch ›Alfred Hitchcock stellt vor‹ heißt.« Er werde darin nicht mitspielen, nur vorher und hinterher kurz auftreten, für die des Lesens Unkundigen unter den Zuschauern den Titel ansagen und den Begriffsstutzigen das Ende erklären. Vor der Ausstrahlung von ›Breakdown‹ versicherte er, jeder Film der Serie habe eine kleine Moral, »eben Sachen, wie Mutter sie uns einst gelehrt hat: Geh leise und trag immer einen Stock bei dir, schlag zuerst

---

Dip in the Pool (Alfred Hitchcock Presents, Nr. 113), 1958. Nach Roald Dahl. Mit Keenan Wynn, Louise Platt
Poison (Alfred Hitchcock Presents, Nr. 118), 1958. Nach Roald Dahl. Mit Wendell Corey, James Donald
Arthur (Alfred Hitchcock Presents, Nr. 154), 1959. Nach Arthur Williams. Mit Laurence Harvey, Hazel Court

Banquo's Chair (Alfred Hitchcock Presents, Nr. 146), 1959. Nach Rupert Croft-Cooke. Mit John Williams, Kenneth Haigh, Reginald Gardiner
The Crystal Trench (Alfred Hitchcock Presents, Nr. 155), 1959. Nach A. E. W. Mason. Mit James Donald, Patricia Owens
Incident at the Corner (Ford Star-

und frag hinterher – solche Dinge eben.« Einmal liegt er gefesselt auf einem Bahngleis: »Guten Abend, liebe Mitreisende. Ich denke, das hier beweist, daß das Flugzeug nie die Eisenbahn ersetzen kann.«

Verfasser dieser Fernsehauftritte war James B. Allardice (›At War With the Army‹), dem er als Vorbild ›The Trouble with Harry‹ empfahl. Alfred Hitchcock spielt eine Kunstfigur, die er/sich als Alfred Hitchcock ausgibt – als sei nicht Alfred Hitchcock Autor seiner Filme, sondern »ein anderer Autor desselben Namens« (Shaw in der Diskussion um die Autorschaft der Werke Shakespeares).

Auch die Werbeeinlagen kommentierte Hitchcock. Sponsor der Reihe war erst Bristol-Meyers, Hersteller von Pharmazeutica, dann Lincoln-Mercury – anfangs waren daher Pillen, später Automobile als Mordwerkzeuge verboten. Mit der Veralberung ihrer Einblendungen (»Nun zu etwas wirklich Fürchterlichem!«) fanden die Geldgeber sich indessen bald ab.

So sehr war nun sein Name zum Synonym für »suspense and mystery« geworden, daß er ihn für das ›Alfred Hitchcock Mystery Magazine‹ zur Verfügung stellen konnte, ohne sich an der Auswahl der darin veröffentlichten Geschichten zu beteiligen oder zu den mit seinem Namen gezeichneten, in Ich-Form geschriebenen Einführungen auch nur eine Zeile beizusteuern.

Hitchcock als Medienstar. Im Juni 1956 widmete ihm ›Newsweek‹ eine Coverstory: Im Jahr darauf erschien in ›Look‹ eine Reportage, die ihn beim Gang durch sein Fernsehstudio zeigt und unterstellt, seine bloße Präsenz lasse Menschen und Dinge in einem gespenstischen und furcherregenden Licht erscheinen. Wie ein Starschauspieler arbeitete er daran, daß in seinem Image Züge seiner realen Person, tatsächliche oder vorgegebene, mit denen der von ihm verkörperten Rollen sich bis zur Unkenntlichkeit mischten.

---

time, Nr. 27), 1960. Nach Charlotte Armstrong. Mit Vera Miles, Paul Hartman, George Peppard
Mrs. Bixby and the Colonel's Coat (Alfred Hitchcock Presents, Nr. 191), 1960. Nach Roald Dahl. Mit Audrey Meadows, Les Tremayne
Bang! You're Dead (Alfred Hitchcock Presents, Nr. 230), 1961. Nach

Margery Vosper. Mit Biff Elliott, Lucy Prentiss
The Horse Player (Alfred Hitchcock Presents, Nr. 212), 1961. Nach Henry Slezar. Mit Claude Rains, Ed Gardner
I Saw the Whole Thing (The Alfred Hitchcock Hour, Nr. 4), 1962. Nach Henry Cecil. Mit John Forsythe, Kent Smith, Evans Evans, John Fiedler

Architekturen des Schreckens

Jede frühere Periode seines Werkes, meint Leitch, habe Hitchcock eröffnet mit einem Film, der »die Regeln des Hitchcock-Spiels über den Haufen warf und dem Publikum einen neuen Vertrag anbot« – der erste ›Man Who Knew Too Much‹, ›Rebecca‹, ›Rope‹, ›Rear Window‹ –, dessen Punkte dann in einer Reihe weniger provokanter Filme konsolidiert oder revidiert wurden. Im zweiten Teil der Paramount-Periode jedoch variiert jeder Film rigoros das im ersten angeschlagene Thema. Anders auch als in den Zeiten mit Stannard, Bennett, Hayes konzipiert Hitchcock nun jeden Film mit einem anderen Autor, nach sehr verschiedenartigen Vorlagen und für wechselnde Studios.

Für ›The Wrong Man‹, seinen letzten Warner-Film, engagierte er Maxwell Anderson (›What Price Glory‹), dessen ›Wahre Geschichte des Christopher Emmanuel Balestrero‹ in der ›Saturday Evening Post‹ erschienen war. »Manny« Balestrero, Bassist im New Yorker Storck-Club, war 1953 unter dem Verdacht wiederholten Raubüberfalls festgenommen worden, Zeugenaussagen und Indizien sprachen gegen ihn; wegen eines Formfehlers wurde die Gerichtsverhandlung ausgesetzt, dann wurde bei einem neuen Überfall der wahre Übeltäter gefaßt.

Für Hitchcock war der Film eine Replik auf die dokumentarischen New Yorker Kriminalfilme wie ›Panic in the City‹, ›Call Northside 777‹, ›The Naked City‹, wie diese in Schwarzweiß und an realen Schauplätzen gedreht, im Mittelpunkt aber kein Detektiv, Reporter oder Anwalt, sondern der Angeklagte. Hitchcock verzichtete auf seinen üblichen (schon aufgenommenen) Auftritt und versicherte statt dessen in einem Prolog den Zuschauer der Authentizität des Falles und seiner Darstellung – daß er es dennoch mit einer Inszenierung zu

---

The Wrong Man (Der falsche Mann). Buch Maxwell Anderson, Angus MacPhail n. e. Bericht v. M. Anderson. Kamera Robert Burks. Musik Bernard Herrmann. Mit Henry Fonda (Christopher Emmanuel Balestrero), Vera Miles (Rose Balestrero), Anthony Quayle (Frank O'Connor), Harold L. Stone (Lieutenant Bowles)

59 Rose (Vera Miles) schlägt Manny (Herny Fonda) mit der Haarbürste ins Gesicht, der Schreck über ihre Tat läßt ihren Arm zurückfahren, ihr Ellbogen trifft den Spiegel, der birst. Hitchcock: »Man meint, einen Picasso zu sehen.«

tun hat, bedeutet ihm die extreme Stilisierung des Auftritts. Schließlich ist ›The Wrong Man‹ auch ein Starfilm, der Henry Fonda nicht weniger verdankt als ›To Catch a Thief‹ Cary Grant und ›The Man Who Knew Too Much‹ James Stewart.

Das Szenario, dem Balestreros Schicksal, Hitchcocks Inszenierung, Fondas Spiel folgen, ist das der polizeilichen und juristischen Voruntersuchung. Manny revoltiert nicht, maskiert sich nicht, spielt nicht selbst Detektiv. Aus seinen Rollen bei John Ford bringt Fonda das Image des integren Sturkopfs, des Gerechten, mit. Schließlich sucht Manny Zuflucht im Gebet und wird erhört – die Großaufnahme des Betenden blendet langsam über in die seines Doppelgängers, wie er gerade wie-

---

Der einzige Suspense in ›The Wrong Man‹ ist der Zufall. Das Sujet des Films liegt weniger im Unerwarteten der Ereignisse als in ihrer Wahrscheinlichkeit ... Wir sind hier in dem phantastischsten Drama, weil wir im perfektesten, exemplarischsten Dokumentarfilm sind ... In ›I Confess‹ weigerte Pater Logan sich zu sprechen. In ›The Wrong Man‹ beginnt Balestrero sogar an der Sprache zu zweifeln, aus Scham, dann aus Einsicht. In der KZ-Welt, in die er eintaucht, schaut er nur noch auf die Füße dessen, der vor ihm geht.   *Jean-Luc Godard, 1957*

der zuschlägt und erwischt wird. »Sicher die schönste Einstellung im ganzen Werk Hitchcocks und zugleich dessen Zusammenfassung: die Übertragung der Schuld, das Thema des Doubles«, fand Truffaut in seiner Kritik. Hitchcock selbst kamen später Zweifel an der Verquickung von Fiktion und authentischem Fall: »Der ›falsche Mann‹ bin ich; ich konnte im Film nichts ändern, weil alles auf Wirklichkeit beruhte«.

Während Manny den Verdacht von sich abwenden kann, schreibt seine Frau Rose (Vera Miles) sich die Schuld an seiner Verfolgung zu und verfällt dem Wahnsinn. ›The Wrong Man‹ ist der schwärzeste von Hitchcocks Paarfilmen. »Das Paar in den verschiedensten Formen, in Bildung, in Auflösung, in Krise, ist ein Strukturprinzip seiner Geschichten. In Handfesseln oder durch Eheketten zusammengeschmiedet, zuweilen mit einem Kind als Kitt, erscheint es als prekäre, unberechenbare Einheit« (Frieda Grafe, ›Ein Ruf wie Donnerhall‹). Mannys unverwüstliche (moralische) Gesundheit macht Rose krank.

Wieder bei Paramount, wieder in Farbe und VistaVision: ›Vertigo‹, nach einem Roman von Boileau und Narcejac. Für das Drehbuch wurde wieder ein Dramatiker mit Filmerfahrung verpflichtet, Samuel Taylor (›Sabrina Fair‹, ›The Pleasure of His Company‹). Hitchcocks Grundidee war, Taylor zufolge, »die Geschichte eines Mannes, der in etwas hineingerät, das zu seiner Obsession wird – eine Geschichte mit Tiefgang, wenn sie auch viel zu tun hat mit Hitchcocks Neigung zu Streichen«.

Die Geschichte von ›Vertigo‹ fängt an, wie die von ›Rear Window‹ aufhört: James Stewart stürzt ab. Fortan leidet John »Scottie« Ferguson unter Höhenangst und muß den Polizeidienst quittieren. Dann bittet ihn ein alter Bekannter, seine suizidgefährdete Frau zu beschatten.

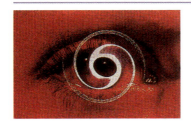

60 Saul Bass: Vorspann zu ›Vertigo‹

61 Die angebliche Madeleine (Kim Novak) im Museum der Ehrenlegion vor dem Portrait Carlottas, ihrer angeblichen Ahnin, scheinbar im Sog der Vergangenheit – Gavin Elsters Inszenierung –, in der des Films.

Hitchcock inszeniert das als einen Sog, der von Madeleine (Kim Novak) ausgeht und dem Scottie erliegt. Das Motiv der Spirale (»oder, genauer, des Helizoids«, sagt Rohmer, der Schraubenlinie) wird angeschlagen in Saul Bass' Vorspann; es wiederholt sich in Madeleines Hochfrisur, den Bewegungen der Kamera, dem Dekor einer Kirchturmtreppe. Die Windschutzscheibe des Wagens, in dem Scottie ihr folgt, wird zur Kinoleinwand; lange, gleitende Travellings durch die steigenden und fallenden Straßen San Franciscos, zu Monumenten in seiner Umgebung und in seine Vergangenheit. Madeleine scheint den Spuren Carlottas zu folgen, einer mexikanischen

Vertigo (Aus dem Reich der Toten). Buch Alec Coppel, Samuel Taylor n. d. Roman ›D'entre les morts‹ von Pierre Boileau u. Thomas Narcejac. Kamera Robert Burks. Musik Bernard Herrmann. Mit James Stewart (John Ferguson), Kim Novak (Madeleine Elster/Judy Barton), Barbara Bel Geddes (Midge Wood)

Urahnin – Opfer einer Zeit, als die Männer noch »die Macht und die Freiheit« besaßen –, als deren Reinkarnation sie sich sieht.

Scottie erliegt der morbiden Faszination. Einmal kann er Madeleine vor dem Selbstmord retten; dann ist es, als treibe er sie gerade mit seiner Liebe in den Tod. Sein Defekt hindert ihn daran, ihr in dem Glockenturm einer Missionskirche zu folgen, angesichts der Wendeltreppe ergreift ihn Schwindel.

Technisch gelungen in ›Vertigo‹ fand Hitchcock vor allem die Beschwörung eben des Vertigo, des Schwindels. Versucht hatte er ähnliches schon in ›Rebecca‹, aber es sah immer aus, als bewege das Bild sich, nicht die Vorstellung. »Schließlich kam der Zoom. Wir haben Dolly und Zoom zugleich benutzt«: die Kamera gleitet rückwärts aus dem (waagerecht liegenden) Modell des Treppenhauses heraus und zoomt zugleich vorwärts hinein. Sog und Rückstoß zugleich.

Scottie hat sich in eine Erscheinung, in das Make-up einer Frau verguckt, eine Inszenierung, mit der ihm (und uns) eine Falle gestellt worden ist. Ihr Regisseur ist »Madeleines« angeblicher Mann, in Wahrheit ihr Liebhaber. Aus Habsucht hat Gavin Elster (»the German word for magpie«: die diebische Elster!) seine wirkliche Frau ermordet; der angebliche Todessturz der falschen half ihm, die Tat zu verschleiern.

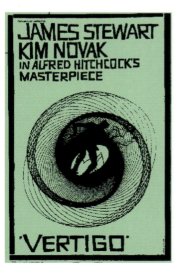

»Es gibt viele Argumente, die dafür sprechen, den zweiten Teil von ›Vertigo‹ als einen Traum zu deuten« (Chris Marker, ›A Free Replay‹). Als Scottie, Wochen später, Judy trifft, die »Madeleine« ähnelt – die »Madeleine« war, wie wir inzwischen wissen –, ver-

62 Werbung für ›Vertigo‹, Entwurf Saul Bass

sucht er seinerseits, sie in jene (zurück) zu verwandeln, kauft ihr Kleider, ändert ihre Haarfarbe, ihre Frisur, wiederholt Elsters Inszenierung. Judy liebt Scottie, aber er liebt nicht sie, sondern »Madeleine«, die sich für »Carlotta« hält, »das heißt, insofern sie tot ist« (Žižek).

Wenn Scottie die in »Madeleine« Zurückverwandelte umarmt, läßt Hitchcock den Raum um das Paar kreisen (Marker: »die magischste Kamerabewegung der Filmgeschichte«), in einer erst nicht wahrzunehmenden Rückprojektion das Zimmer sich verwandeln in die Stallungen der Mission, wo er sie vor ihrem vermeintlichen Sturz umarmt hat. Flashback, Schwindel und Schock in einem. Scottie wird Judys wahrer Identität gewahr. Er erzwingt eine Wiederholung der Szene, die mit jenem Sturz endete. Er klagt sie an, redet sich Schuld- und Schwindelgefühl aus dem Kopf, scheint nun fähig, die wirkliche Judy zu lieben.

An der Stelle applaudierte das Premierenpublikum, erleichtert über das Happy-End – aber da erging es ihm wie David Freeman, wenn er glaubte, Hitchcock sei fertig mit einer Geschichte, und der mit unbewegter Miene fortfuhr. Wie Madeleine stirbt auch Judy, sobald sie für Scottie eine wirkliche Frau wird. Von der Erscheinung einer unversehens auftauchenden Nonne erschreckt, stürzt sie (sich) zu Tode. Wie Rose Balestrero zieht sie die Schuld des »Schuldlosen« auf sich und bleibt der allein zurück.

Nach den Erfolgen der ersten Paramount-Filme enttäuschten die Einspielergebnisse von ›The Wrong Man‹ und ›Vertigo‹. Mit ›North by Northwest‹ trat Hitchcock die Flucht nach vorn an; mit über vier Millionen wurde es sein bis dahin teuerster Film, spielte aber auch gleich sechs Millionen ein. MGM zahlte 250 000 Dollar Regiegage und garantierte dem Regisseur

---

Der Suspense wirkt [in ›Vertigo‹] doppelt: Er macht nicht nur empfänglich für das Kommende, sondern läßt auch das Vergangene in neuem Licht erscheinen. Denn das Vergangene ist hier nicht diese Masse von Unbekanntem, die ein gottähnlicher Autor bereithält und die, aufgedeckt, alle Knoten entwirrt. Im Gegenteil zieht er sie durch ihre Aufdeckung nur noch fester. In dem Maß, in dem die Nebel der Geschichte sich zerstreuen, tritt eine neue Gestalt in Erscheinung ...

Eric Rohmer, 1959

zehn Prozent aller Einnahmen über acht Millionen hinaus – bis zu seinem Tode wurden es 20.

Ernest Lehman (›Executive Suite‹, ›Sabrina‹, ›Somebody Up There Likes Me‹) nahm sich mit seinem Drehbuch vor, Hitchcock auszuhitchen. ›North by Northwest‹ ist wieder ein Action-Thriller als Thriller-Komödie, mit einem verfolgten Verfolger, unterwegs diesmal per Automobil, Bahn, Flugzeug durch den amerikanischen Nordosten, die Initiationsreise eines Paares und insofern ein zweites amerikanisches Remake von ›The 39 Steps‹. Statt, wie in ›Saboteur‹, Roosevelts Amerika nach Pearl Harbor, nun dasjenige Eisenhowers im Kalten Krieg.

Statt des Rüstungsarbeiters im Lederjackett der Chef einer Madison-Avenue-Werbeagentur. Roger O. Thornhill (Cary Grant) wird von einem feindlichen Spionagering gekidnappt, der ihn für einen amerikanischen Gegenspionage-Agenten namens Kaplan hält. Was Verfolger und Verfolgter nicht wissen und auch der Zuschauer nicht: Kaplan ist die Erfindung einer United States Intelligence Agency, wie »Madeleine« ein Köder, von interessierter Seite ausgelegt für die entgegenkommende Phantasie der Kommi-Agenten, angeführt von Phillip Vandamm (James Mason). Der »Professor« von der Intelligence Agency hat das Drehbuch geschrieben, Vandamm besetzt die Rolle, Thornhill spielt sie.

Jede Episode verbindet sich mit einem anderen geographisch-historisch-architektonisch überdeterminierten Schauplatz, vom Plaza Hotel, dem UNO-Hauptquartier und New Yorks Grand Central Station über Indiana, die Crossroads of America, nach Rapid City, South Dakota, zu den Präsidentenportraits im Mount Rushmore; dazu bekannte Verkehrsmittel: Yellow Cabs, der Twentieth-Century Limited, ein Greyhound-Bus, die Northwest Orient Airlines. Ein Album amerikanischer Monumente, doch nirgendwo findet der Held Unterschlupf. Kein Heim, nirgends.

North by Northwest (Der unsichtbare Dritte). Buch Ernest Lehman. Kamera Robert Burks. Production Design Robert Boyle. Musik Bernard Herrmann. Mit Cary Grant (Roger O. Thornhill), Eva Marie Saint (Eve Kendall), James Mason (Phillip Vandamm), Jessie Royce Landis (Clara Thornhill), Leo G. Carroll (der Pro-

fessor), Philip Ober (Lester Townsend), Josephine Hutchison (Mrs. Townsend), Martin Landau (Leonard)

64/65 Hinein! Das Happy-End ▶
in Hitchcocks Storyboard

63 Überblendung von der Großaufnahme Eves, der Agentin, die Thornhill ins Verderben schickt, auf die Totale des Nichts, den leeren Rahmen, in dem Hitchcocks Design der Gewalt sich aufbauen wird.

Unterwegs gesellt eine Blondine (Eva Marie Saint) sich Thornhill zu; sie wird seine Geliebte und Helferin, ehe sie sich, erst für uns, dann für ihn, als Mitglied des feindlichen Spionageringes entpuppt – vielmehr: als darin eingeschleuste Intelligence-Agentin, so und so für den Helden eine tödliche Gefahr. In der Gestalt einer Fünfzigerjahre-Komödie wiederholt ›North by Northwest‹ das Muster des Vierzigerjahre-Thrillers ›Notorious‹, mit Eva Marie Saint in der Ingrid-Bergman-Rolle, von einer Männergang auf die andere angesetzt als Lockvogel, und mit Vandamm in der Position Sebastians. Das Happy-End: der Zug mit dem Paar stößt in einen Tunnel. »Es gibt keine Symbole in ›North by Northwest‹. Doch – eines. Die letzte Einstellung. Ein phallisches Symbol – aber verraten Sie's niemandem!«

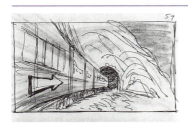
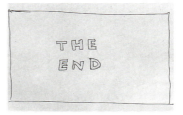

Die komödienhafte Umkehrung von Vierzigerjahre-Modellen gipfelt in der Travestie einer Film-noir-Szene. Thornhill droht tödliche Gefahr, doch statt aus nächtlichem Hinterhalt auf regennassen Großstadtstraßen kommt sie aus dem Nichts, bei strahlendem Sonnenschein aus dem blauen Himmel heraus, inmitten der flachen Ebene von Indiana, zwischen Maisfeldern, von einem Flugzeug, das harmlos DDT streut. Wann immer er gefragt wurde, was er unter production design verstehe (›North by Northwest‹ ist sein erster Film, der im Vorspann den Namen eines Production Designers nennt), spricht Hitchcock von dieser Szene. Das hat nichts zu tun mit art direction und set design, production design ist das Layout, der Entwurf eines graphischen Konzepts, für eine Szene oder Sequenz. Es ist Handlungs- und Bildentwurf in einem, Gestalt und Bewegung aller Personen und Gegenstände, gereinigt von jeder Zufälligkeit und Beliebigkeit, strenger Ausdruck dramaturgischer wie visueller Funktion. Wie sich die Bedrohung eines Mannes auf einer glatten Fläche für den Zuschauer auf- und abbaut.

›Vertigo‹ und ›North by Northwest‹ sind die jeweils vierten und letzten Filme, die Hitchcock mit seinen bevorzugten männlichen Stars, James Stewart und Cary Grant, drehte. Nicht nur deren Spiel und Erscheinung prägt die Filme mit, auch das Image, das sie aus den Filmen anderer Regisseure mitbringen.

Cary Grant, sagt Hitchcock, war der erste Star, der die Verachtung der Amerikaner für das Suspense-Genre nicht geteilt habe. Er ist, wie die Helden von Hitchcocks Vorkriegsfilmen, ein Mann ohne Eigenschaften, prädestiniert, in viele Rollen zu schlüpfen (auch ein idealer female impersonator – man denke an Hawks' ›I Was a Male War Bride‹). Thornhill hat eine Null im Namen; ROT, sein Monogramm, bedeutet Unsinn und Fäulnis. John Aysgarth wird von seiner Frau des Mordes verdäch-

---

Cary Grant (eigtl. Alexander Archibald Leich, 1904–1986). Engländer, Kind armer Eltern, mit 13 Akrobat, 1920 erstmals auf Tournee in Amerika. Über den Broadway nach Hollywood. 1932–1937 bei Paramount Partner u. a. von Marlene Dietrich und Mae West, dann zugleich bei RKO und Columbia meistens als witziger, charmanter Sonderling – mit dem sein scheidungsreiches Privatleben korrespondierte (»I play myself to perfection«) – in Screwball Comedies von McCarey (›The Awful Truth‹), Cukor (›Holiday‹) und Hawks (›Bringing Up Baby‹). Daneben vier Rollen bei Hitchcock. Luc Moullet: »der erste Hitchcocko-Hawksianer«.

tigt, zuzutrauen ist ihm alles. Auch John Robie ist falschem Verdacht ausgesetzt; daß er zutreffen könnte, macht seinen Charme aus. In ›Notorious‹ ist Grant Manipulator, in ›North by Northwest‹ wird er manipuliert – beides paßt zu ihm.

Grant gehört zum Hitchcock-Motiv der Reise, Stewart zu dem des engen Raums. Immer ist er Gefangener einer Situation, einer Vergangenheit, einer Passion – eines Raums (›Rear Window‹), einer Zeit (›Vertigo‹), eines Wissens (›The Man Who Knew Too Much‹). Sein Beruf ist ihm wichtig, Frauen sind ihm fremd, er hat Angst vor Veränderungen. Er würde keinen Mord begehen (nie würde Stewart einen Mörder spielen, sagt Hitchcock), er verhindert auch keinen – aber die Idee zu einem Mord kann ebenso seine Sache sein wie seine Aufklärung.

Spoto meint, in Stewart artikuliere sich Hitchcocks Selbstverständnis und in Grant sein Wunschtraum. Stewarts ihm selber lästige Körpergröße läßt an Hitchcocks Körperfülle denken, während Grant völlig frei zu sein scheint von Hemmungen und Behinderungen jeder Art, er tanzt Walzer linksrum, und er bewegt sich tänzerisch im Alltag (seine Bewegungen inspierten Herrmann bei ›North by Northwest‹ zu einer Tarantella).

Truffaut zufolge hat Hitchcock Stewart den Mißerfolg von ›Vertigo‹ zugeschrieben und ihn deshalb nicht wieder eingesetzt. Grant, den er gern für ›The Birds‹ gewonnen hätte, zog sich seinerseits vom Kino zurück, um dem Publikum als guterhaltener Fünfzigjähriger in Erinnerung zu bleiben.

Mit seinem letzten Film für Paramount setzte Hitchcock sich ab nicht nur von der Firma, sondern auch von den Spielregeln, die seine Produktion in dieser Periode bestimmt haben. Truffaut hat gemeint, was Hitchcock gefehlt habe zu Beginn der sechziger Jahre, seien die Stars gewesen. Er selbst äußerte sich zu dieser Zeit eher skeptisch über das Starkino. 1963 ge-

James Stewart (1908–1998). Von der Universität zur Bühne zum Film. Erste Erfolge bei Frank Capra (›Mr. Smith Goes to Washington‹), dann bei Lubitsch und Cukor, meist als ungelenker Provinz-Idealist, dessen Witz nur zögernd zur Geltung kommt. Im Krieg hochdekorierter Bomberpilot, danach erklärter Republikaner und Vietnam-Falke. Dem Starimage entsprechend unspektakuläres Privatleben; Heirat erst mit 41, keine Scheidung. Nachkriegskarriere vor allem als Westernheld bei Anthony Mann (›The Naked Spur‹, ›The Far Country‹) und John Ford (›Two Rode Together‹, ›Cheyenne‹). Zwischendurch vier Rollen bei Hitchcock.

genüber Ian Cameron und V. I. Perkins von ›Movie‹: »Stars sind nützlich ..., wenn der Film gut ist, aber wenn er nicht gut ist, geht das Publikum nicht hin.« Und habe ›Psycho‹ nicht gezeigt, daß er auch ohne sie auskomme? »Ja.«

Hitchcock fand, Einfluß und Anspruch der Stars nähmen überhand. Nach ›North by Northwest‹ wollte er mit ›No Bail for the Judge‹ zu Paramount zurückkehren. Das Drehbuch hatte er mit Samuel Taylor zusammen geschrieben. Audrey Hepburn sollte eine Rechtsanwältin spielen, Tochter eines Richters am Old Bailey, der unter Mordverdacht gerät. Ihre Nachforschungen führen sie in die Unterwelt, und eines Nachts wird sie in den Hyde-Park verschleppt und vergewaltigt. Der Star, dessen jungfräuliches Image mit ›A Nun's Story‹ gerade ein neues Make-up bekommen hatte, mochte sich seinen Fans nicht als Opfer einer Vergewaltigung präsentieren und sagte ab; Hitchcock verlor das Interesse an dem Projekt und 200 000 Dollar.

›Psycho‹, den er als nächstes in Angriff nahm, fand bei der Paramount keinen Anklang; »sie mochten den Titel nicht, sie mochten die Story nicht, sie mochten überhaupt nichts daran« (Herbert Coleman). Mit dem Projekt eines billigen Horrorfilms fürchtete die Firma, in die Nähe kleiner unabhängiger Produktionen wie Roger Cormans AIP zu geraten – deren Erfolge Hitchcock tatsächlich zu diesem Versuch angeregt hatten. Schließlich brachte er die Herstellungskosten, 800 000 Dollar, selbst auf und ließ Paramount den Film gegen eine feste Gebühr verleihen. Darüber hinaus anfallende Einnahmen gingen an ihn.

Schon ein Vierteljahr nach dem Start konnte er zweieinhalb Millionen kassieren. Zwei Jahre später kaufte er sich mit seinen Rechten bei Universal ein. Aus seinem letzten Paramount- wurde so sein erster Universal-Film.

Rotkäppchen: »Was du für große Zähne hast, Großmutter.« »Damit ich dich besser fressen kann.« Diese Geschichten liest man kleinen Deutschen vor; sie wachsen damit auf. Hänsel und Gretel zum Beispiel – die alte Frau, die in den Ofen geschubst wird! Ganz früh fängt man damit an …

Sie wissen, wenn man eine Filmgeschichte erzählt, wie ich das mache, appelliert man an die Angst, die in jedem steckt. Wann ich das gelernt habe? Als ich sechs Monate alt war. Meine Mutter hielt mich auf dem Arm und machte »Buh!«, und ich hatte eine Heidenangst und bekam einen Schluckauf. Und dann kicherte ich, und das gefiel ihr.

›A Redbook Dialogue‹, 1963

Star ist der Autor

Ein Kinofilm wie fürs Fernsehen, ohne Stars, aufgenommen in den Revue Studios, dem Universal-Fernsehatelier, von einem Fernsehteam (an der Kamera statt Burks John L. Russell) und in Schwarzweiß – entsprechend die Musik: »Indem ich nur Streicher verwendete, versuchte ich, die Schwarzweiß-Fotografie des Films durch eine Schwarzweiß-Partitur zu ergänzen« (Bernard Herrmann). Für das Drehbuch – nach Robert Blochs Pulp-Krimi, angeregt vom Fall des Serienmörders Ed Gein – wurde Joseph Stefano verpflichtet, ein achtunddreißigjähriger früherer Songschreiber und -komponist. So wenig war Hitchcock vom Gelingen der Operation überzeugt, daß er zeitweilig erwog, aus dem Film eine Folge der ›Alfred Hitchcock Hour‹ zu machen.

Wie ›Blackmail‹ und ›The Wrong Man‹ beginnt ›Psycho‹ ostentativ dokumentarisch, mit Orts- und Zeitangaben eingeblendet in eine Totale von Phoenix, Arizona; eine Helikopter-Aufnahme; die Kamera nähert sich einem Hochhaus, dringt ein durch ein Fenster, in ein Zimmer, zu Marion und Sam.

Geldprobleme – vom Vater hinterlassene Schulden, Alimente für seine Exfrau – hindern Sam daran, Marion zu heiraten, und als deren Chef ihr 40 000 Dollar anvertraut, verläßt sie damit die Stadt. Nachts steigt sie ab in Bates' Motel, dessen Besitzer (Anthony Perkins) in dem alten Haus nebenan mit seiner Mutter lebt. Man hört ihre Stimme, sieht ihren Schatten im Fenster. Norman findet Gefallen an Marion – die Mutter wird böse.

Man merkt sehr bald, wenn man für Hitch arbeitet, daß man für einen Star schreibt, und der Star ist Alfred Hitchcock.
Ernest Lehman

Psycho. Buch Joseph Stefano n. d. Roman v. Robert Bloch. Kamera John L. Russell. Schnitt George Tomasini. Musik Bernard Herrmann. Mit Anthony Perkins (Norman Bates), Janet Leigh (Marion Crane), John Gavin (Sam Loomis), Vera Miles (Lila Crane), Martin Balsam (Milton Arbogast), John McIntire (Sheriff Chambers)

Normans Geschichte: Ihr Mann, sein Vater, ist gestorben, als er fünf war; später hatte sie einen Liebhaber; als der sie verließ, hat ihr Sinn sich verwirrt.

Ein ganz und gar unerwarteter, grausamer Mord beraubt nach einer halben Stunde den Film seiner Zentral- und den Zuschauer seiner Identifikationsfigur. Als sie vorm Schlafengehen unter die Dusche geht, wird Marion von der alten Frau durch ein Dutzend Messerstiche getötet. 40 Einstellungen in 40 Sekunden, Duschkopf, Wasserstrahl, das zustechende Messer, einmal nur sieht man es kurz den Körper berühren. Marion sinkt zusammen, das tote Auge, weit offen, blendet über in das schwarz gurgelnde Blut im Abfluß.

Viele Leute hätten sich beschwert über die extreme Gewalttätigkeit der Szene. Die sei beabsichtigt gewesen, denn so habe er im weiteren die Gewalt zurücknehmen und ganz in die Vorstellung des Publikums verlegen können. Wie Sam durch Norman wird Marion abgelöst durch Lila, ihre Schwester, die sich, Marions Spuren folgend, ihrerseits mit Sam zusammentut. Als der Detektiv Arbogast, für die Versicherung auf der Suche nach dem veruntreuten Geld, von einem Besuch bei

66 Das Heim der Bates: Californian Gothic. Hitchcock präsentiert den Schauplatz von ›Psycho‹ – aus seinem Trailer.

Normans Mutter nicht zurückkehrt, gehen Sam und Lila zum Sheriff.

Des Sheriffs Geschichte: Mrs. Bates hat, als sie erfuhr, daß ihr Liebhaber verheiratet war, erst diesen vergiftet und dann sich selbst; Norman lebt allein.

Sam und Lila folgen Arbogasts Spuren, auch er, der Zuschauer hat es miterlebt, ist ermordet worden, ebenfalls von Norman, als seine Mutter verkleidet. Erst bei seinem Versuch, auch Lila zu töten, wird er überwältigt.

Die Geschichte des Psychiaters: Norman hat die Mutter und ihren Liebhaber getötet, den Leichnam der Mutter ausgestopft bei sich behalten und sie außerdem ins Leben zurückgeholt, indem er sich mit ihr identifizierte. Als Norman hat er an Marion Gefallen gefunden, als eifersüchtige Mutter sie getötet – und in Marion und den anderen jungen Frauen vor ihr, als potentiellen Müttern, noch einmal die eigene?

Am Ende verstummt Norman ganz, nur die Stimme der Mutter ist noch in seiner Zelle, spricht zu ihm, aus ihm, hat von seinem Körper Besitz ergriffen. Übrig bleiben Lila und Sam, ein Paar wie Alice und Frank, Charlie und Jack, Eve und »Ordinary Smith«, langweilig und legitim.

Männerängste, Frauenopfer

Der Erfolg von ›Psycho‹ erlaubte es Lew Wasserman, seinem Klienten einen Vertrag mit der Universal anzubieten. MCA schickte sich gerade an, deren Management zu übernehmen. Als sie 1962 gezwungen wurde, sich von ihrer Agenturbeteiligung zu trennen, blieb Wasserman bei MCA; sein Partner Citron gründete eine neue Agentur, die auch Hitchcocks Vertretung übernahm. Der tauschte seine Rechte nicht nur an

---

Universal (Forts. v. S. 76). In den Fünfzigern Hinwendung zu aufwendigeren Projekten: Science-fiction, prüde Sexkomödien (mit Rock Hudson und Doris Day) und Melodramen von Douglas Sirk (›Magnificent Obsession‹, ›Written on the Wind‹). 1953 Aufkauf der Rank-Anteile durch Decca Records, 1959 fusionieren diese mit der Künstleragentur und Fernsehfirma (dem »Octopus«) MCA, die 1962 das Management der Firma übernimmt. Verstärktes Fernseh-Engagement und Ausbau von Universal City zum Tourismuszentrum. Erfolge der Siebziger: ›Airport‹, ›Jaws‹, ›Earthquake‹ und andere Katastrophenfilme.

›Psycho‹, sondern auch an seinen Fernsehprogrammen ein gegen Aktien von MCA und wurde damit deren drittwichtigster Teilhaber. Seine letzten sechs Filme drehte er für Universal.

Die Figuren von ›Psycho‹ sind ohne Starqualität, zum erstenmal Rollen, in denen man sich Ingrid Bergman und Cary Grant nicht vorstellen kann. Für ›The Birds‹, angeregt von einer Kurzgeschichte von Daphne du Maurier, Drehbuch Evan Hunter (›Blackboard Jungle‹), hatte Hitchcock sich Audrey Hepburn und Cary Grant gewünscht; aber erst mit Tippi Hedren und Rod Taylor, eher Mannequins als Charaktere, konnte daraus dieser kalte Katastrophenfilm werden.

In ›Psycho‹ ist es Normans Hobby, Vögel auszustopfen. In ›The Birds‹ sind lebendige Vögel die treibende Kraft der Erzählung und ist Hitchcock selbst der Taxidermist. Der Film beginnt als Sophisticated Comedy, aber deren Welt wirkt wie präpariert, die San Francisco Bay Area wie hinter Glas aufgebaut, vor einem Prospekthimmel mit Wolken wie gemalt. In einer Vogelhandlung sieht sich die selbstbewußte Melanie Daniels dem Spott von Mitch Brenner ausgesetzt. Sie geht auf sein Spiel ein, fährt hinaus nach Bodega Bay, wo er mit seiner Mutter lebt, und deponiert einen Käfig mit zwei *love birds* als Geschenk für seine kleine Schwester. Melanies Eindringen in das Heim der Brenners erinnert an das von Lila in das Horrorhaus von ›Psycho‹. Und wieder beschützt ein Junggeselle eine possessive Mutter, die jede Rivalin um die Gunst des Sohnes verbeißt.

Auf dem Rückweg wird Melanie von einer Möwe attackiert: ein Vorbote der Invasion, die dann über Bodega Bay hereinbricht. »Alles, was man zu ›The Birds‹ sa-

67 »Musik im Film wird zu Ton, ist nicht Musik an sich.« Und Vogelschreie werden zu Musik. Hitchcock mit seinen deutschen Tonkünstlern Remi Gassmann und Oscar Sala und ihrem Trautonium

68 Der »Gesichtspunkt Gottes«. In Albert Whitlocks Matte-Gemälde (»Das Großartige an Matte ist, daß man gottähnlich wird«) eingeschnitten eine Spielszene real und darüber, gemalt, die Vögel.

gen kann, ist, daß die Natur hart zurückschlagen kann, wenn wir unser Spiel mit ihr treiben. Schaun Sie, was mit dem Uran passiert ist ...« Rächt sich die mißbrauchte Kreatur an ihren Quälgeistern? Sind die Vögel eine Strafe Gottes für menschliche Hybris? Bedeuten sie dem Menschen, wie in Träumen, seine unterdrückte Lust?

In der Inszenierung der Katastrophe kommt Hitchcocks dreißigjährige Erfahrung mit special effects zum Zuge. Außer bewährten Mitarbeitern, dem Kameramann Burks, dem Set- und Production-Designer Boyle, dem Trickspezialisten Whitlock, zog er Walt Disneys alten Partner Ub Iwerks zu. Der brachte ein Objektiv mit, das die Aufnahme von zwei Negativen zugleich

---

The Birds (Die Vögel). Buch Evan Hunter n. d. Kurzgeschichte v. Daphne du Maurier. Kamera Robert Burks. Musik Remi Gassmann, Oskar Sala, Bernard Herrmann. Mit Tippi Hedren (Melanie Daniels), Rod Taylor (Mitch Brenner), Jessica Tandy (Lydia Brenner), Suzanne Pleshette (Annie Hayworth)

Weitere Mitarbeiter in der Universal-Periode:
Henry Bumstead (Art Direction), George Milo (Bauten), Edith Head (Kostüme), George Tomasini (Schnitt), Waldon O. Watson, William Russell (Ton), Albert Whitlock (Special Effects), Peggy Robertson (Produktionsassistentin)

erlaubte, einem farbigen und einem schwarzweißen, auf dem etwa die Vögel im Vordergrund, aufgenommen vor gelbem Kunstnebel, sich nur als Silhouette abzeichneten, so daß beim Kopieren der für die Szene vorgesehenen Hintergründe die entsprechenden Stellen ausgespart und die Vögel eingesetzt werden konnten. Die Vögel sich sammelnd zum Angriff über Bodega Bay, während unten eine Tankstelle in Flammen steht, das ist: ein von Whitlock gemaltes Bild des Schauplatzes aus der Vogelperspektive; in darin ausgesparte Stellen einkopiert die brennende Tankstelle mit den Komparsen, aufgenommen auf einem Parkplatz des Universal-Geländes (am Drehort waren am Boden die Grenzen markiert, innerhalb derer das Gewimmel sich halten mußte); in dieser Simultanmontage wiederum ausgespart die Silhouetten und in diese eingesetzt die Vogelschar, erst von einem Felsen am Meer aufgenommen, dann im Zeichentrickverfahren Bild für Bild nachgemalt.

Im Haus der Brenners spielen die Vögel Melanie am ärgsten mit. Bei einer nächtlichen Attacke, als sie ins Schlafzimmer der Eltern hochgestiegen ist, erleidet sie einen Schock. Am nächsten Morgen, in einem Augenblick der Ruhe, verlassen sie das Haus – Melanie wie gelähmt, Mitch ein rechter pater familias, die Mutter versöhnt.

›Marnie‹ war vor ›The Birds‹ geplant. Nacheinander arbeiteten Stefano, Hunter und Jay Presson Allen an der Bearbeitung der Romanvorlage. Für die Titelrolle hatte Hitchcock auf Grace Kelly gehofft, doch dem standen Monacos Steuerinteressen entgegen; nun ist Tippi Hedren die letzte Reminiszenz an die Heldinnen seiner Paramountjahre.

Marnie ist eine Diebin. Unter wechselnden Namen läßt sie sich an verschiedenen Orten engagieren, mal blond, mal brünett, immer das Bild einer perfekten Sekretärin, ihre ganze Er-

Marnie. Buch Jay Presson Allen n. d. Roman v. Winston Graham. Kamera Robert Burks. Production Design Robert Boyle, Musik Bernard Herrmann. Mit Tippi Hedren (Margaret Edgar), Sean Connery (Mark Rutland), Diane Baker (Lil Wainwaring), Louise Latham (Bernice Edgar)

scheinung der ideale Köder für das Interesse des Chefs. Ehe der Gelegenheit hat, ihre attraktiv zur Schau getragene Reserve auf die Probe zu stellen, hat sie seinen Safe geleert und ist spurlos verschwunden.

Tippi Hedrens Gegenüber ist Sean Connery zwischen ›Liebesgrüße aus Moskau‹ und ›Goldfinger‹. Anders als die Agenten der Hitchcock-Thriller geht James Bond nie eine Paarbeziehung ein; er ist ein narzißtischer Macho, das Image teilt Connery auch der Rolle des Mark Rutland mit.

Als Marnie sich bei dem Verleger, Zoologen, Witwer bewirbt, läßt der sich nicht anmerken, daß er sie kennt. Er macht ihr den Hof, läßt sich von ihr bestehlen und stellt sie zur Rede; er läßt sie lügen, um sie der Lüge zu überführen. Sie simuliert weiter, will ihn versöhnen und auf Distanz halten. Und er begehrt sie um so mehr, je hilfloser sie wird. Sie gibt seinem Werben nach, läßt sich von ihm heiraten; verweigert sich ihm aber auf der Hochzeitsreise. Er vergewaltigt sie; sie begeht einen Selbstmordversuch, er rettet sie. Bei einer Jagd stürzt Forio, ihr geliebter Rappe, sie erschießt ihn – es ist wie ein erneuter Selbstmordversuch.

Doch Mark läßt nicht locker. Er hat ihre Mutter ausfindig gemacht, schleppt Marnie zu ihr und drängt die Mutter, den Grund von Marnies Neurose offenzulegen. Das ist sein MacGuffin: das Paradestück einer Urszene – wie sie als Kind einen brutalen Freier ihrer Mutter, einer Prostituierten, mit dem Schürhaken erschlug. Das scheint ihm Marnies Frigidität und ihre vermeintliche Kleptomanie gleich mit zu erklären. Mark betreibt Psychoanalyse als Zoologe.

69 Marnie und Mark, Tippi Hedren und Sean Connery, in seinem Firmenbüro

Marnie Edgar: dieselben Initialen wie Madeleine Elster, eine Inszenierung wie jene, aber Regie führt sie selbst, die Maskerade ist nicht nur Köder, sondern vor allem auch Abwehr – gegen den Mann, den Jäger und Beschützer. Dornröschen will gar nicht erlöst werden von dem Möchtegern-Prinzen, der eher selbst ein der Erlösung bedürftiges Untier ist.

Solange Hitchcock sich dem Publikum als »Master of Suspense« darstellte, war er in England und Amerika des Beifalls von Fachpresse und fan magazines sicher. Mit ›The Wrong Man‹ und ›Vertigo‹ setzte er ihre Gunst aufs Spiel, ohne die der anspruchsvolleren Kritik und ihrer Leser zu gewinnen. Die intellektuellen Kritiker der fünfziger Jahre favo-

70 Ohne Titel (frühe sechziger Jahre)

risierten unter Hollywoods Regisseuren die »Engagierten«, »Humanisten« und »Existenzialisten«, Huston, Kazan, Wilder, Wyler, Zinnemann.

Die Konsakrierung Hitchcocks als ernst zu nehmender Künstler nahm ihren Ausgang von Frankreich. Die jungen Kritiker der ›Cahiers du Cinéma‹, Chabrol, Rivette, Rohmer, Truffaut, als Stammbesucher der Cinémathèque Française vertraut mit Filmgeschichte, vor allem auch dem Stummfilm, machten Hitchcock Mitte der fünfziger Jahre zum Hauptargument ihrer »Autorenpolitik«, mit der sie es unternahmen, in der Inszenierung auch kommerzieller Hollywoodfilme die Autorschaft ihrer Regisseure zu entdecken. Im Oktober 1954 widmeten ihm die ›Cahiers‹ ihr Heft 39. Aus Alexandre Astrucs Vorspruch: »Wenn ein Mann dreißig Jahre lang und durch fünfzig Filme hindurch mit geringen Abweichungen immer dieselben Geschichten erzählt – die einer Seele im Kampf mit dem Bösen – und über diese lange, einzigartige Linie seines Schaffens hin den gleichen Stil beherrscht, dann fällt es schwer, nicht zuzugeben, daß man vor einem Künstler steht.« Eric Rohmer, als Redakteur des Heftes: »In diesem, dem brillantesten Techniker (wenigstens darüber ist alle Welt sich einig) gewidmeten Heft wird von Technik wenig die Rede sein. Man wundere sich nicht, statt der Wörter Travelling, Cadrage, Objektiv, diesem ganzen schrecklichen Studiojargon, die edleren und anspruchsvolleren Begriffe Seele, Gott, Teufel und Sünde zu finden.«

Zwei Jahre später erschien Rohmers und Chabrols Buch über Hitchcock, das erste. Längst ehe es übersetzt wurde, fand es ein Echo im angelsächsischen Sprachraum, bei jungen Kritikern beiderseits des Atlantiks – in England zuerst bei Robin Wood, dessen ›Hitchcock's Films‹ 1965 erschien, und den Redakteuren von ›Movie‹, in den USA zuerst in den Aufsät-

---

Eric Rohmer und Claude Chabrol: Hitchcock ist einer der größten Erfinder von Formen in der ganzen Geschichte des Kinos. Vielleicht können es in dieser Hinsicht nur Murnau und Eisenstein mit ihm aufnehmen. Unsere Bemühung wird nicht vergebens gewesen sein, wenn wir haben zeigen können, wie sich, ausgehend von dieser Form und ihrer Strenge gehorchend, ein ganzes moralisches Universum ausgebildet hat. Die Form dient hier nicht der Verschönerung des Inhalts; sie schafft ihn. Der ganze Hitchcock ist in dieser Formel inbegriffen.   (1954)

zen von Andrew Sarris in der Zeitschrift ›Film Culture‹. In seinem Hollywood-»Pantheon« fanden Ford, Hawks, Hitchcock, Lang und Welles Aufnahme; die Stars der Traditionalisten, von Huston bis Zinnemann, rangieren für ihn unter »Less Than Meets the Eye«.

Nach Hitchcocks Übertritt von Paramount zu Universal begannen Kritik und Publicity ineinanderzugreifen. 1962 setzte Peter Bogdanovich, Autor des ›New Yorker‹ und noch nicht Regisseur, im Museum of Modern Art nach einer Welles- und einer Hawks- eine Hitchcock-Retrospektive durch. Deren Ankündigung verband das MoMA mit einer Pressevorführung von ›The Birds‹, und für den Katalog führte Bogdanovich mit Hitchcock ein mehrtägiges Gespräch.

Zur selben Zeit meldete sich Truffaut in Bel Air. Beim New Yorker Start von ›Jules et Jim‹ war ihm aufgefallen, wie verständnislos die amerikanische Kritik seiner und seiner Freunde Hitchcock-Begeisterung gegenüberstand: »Die Werbung, die wir in den ›Cahiers du Cinéma‹ gemacht haben, [war] zwar hervorragend für Frankreich, aber unzureichend für Amerika, da zu intellektuell.« Dem könne ein Interviewbuch abhelfen, das zugleich auf französisch und englisch erscheinen solle.

Dessen Programm hatte er schon 1954 in den ›Cahiers‹ skizziert: den Meister gegen

71 François Truffaut: »Mr. Hitchcock, wie haben Sie das gemacht?«

François Truffaut: Wenn man die Vorstellung akzeptiert, daß das Kino der Literatur ebenbürtig ist, so muß man Hitchcock den Künstlern der Angst, wie Kafka, Dostojewski und Poe, zuordnen – doch warum überhaupt zuordnen? Diese Künstler der Angst bieten uns natürlich keine Lebenshilfe, zu leben erscheint ihnen schwer genug, aber ihre Mission ist, uns an ihren Ängsten teilnehmen zu lassen. Dadurch helfen sie uns, sei's vielleicht auch unbeabsichtigt, uns besser zu verstehen, ein grundlegendes Ziel jedes Kunstwerks. (1966)

seine eigenen unernsten Selbstdarstellungen in Schutz zu nehmen. Auf seine Frage »Warum lügt Hitchcock?« gab er selbst die Antwort: »Hitchcock ist eine Hitchcock-Figur. Er lehnt es ab, sich zu erklären. Aber eines Tages wird er sich doch ein Beispiel nehmen müssen an seinen Personen, die ihr Heil in der Beichte finden. Einzugestehen, daß man ein Genie sei, ist natürlich schwierig, zumal wenn es wahr ist.«

1963, nach ›The Birds‹, nahm Truffaut seine Unterhaltungen mit Hitchcock auf, zwischen ›Marnie‹ und ›Torn Curtain‹ setzte er sie fort. Als 1966/1967 beide Ausgaben erschienen, meinte Sarris, Wood, Bogdanovich und ›Movie‹ (sich selbst hätte er auch nennen dürfen) hätten wohl schon viel von Truffauts Terrain bearbeitet, »aber kein bloßer Kritiker wird so viel Aufmerksamkeit finden wie der Regisseur von ›Jules und Jim‹«.

Das Alterswerk

›Marnie‹ ist Hitchcocks letzter Film mit Tippi Hedren, auch der letzte, den Burks fotografiert, zu dem Herrmann die Musik geschrieben, den Tomasini geschnitten hat. Mit Hedren hatte sich ihr Entdecker schon während der Dreharbeiten überworfen. Tomasini starb kurz nach der Fertigstellung des Films, Burks kam fünf Jahre später bei einem Brand ums Leben. Herrmann wurde bei Hitchcocks nächstem Film von der MCA ausgebootet, seine Musik war nicht kommerziell genug. ›Marnie‹ ist auch der dritte und letzte Film, für dessen production design Robert Boyle zeichnet.

Nach ›Marnie‹ kehrt Hitchcock zu Motiven und Formen seiner früheren Filme zurück, zum Spionage- und Agentengenre in ›Torn Curtain‹ und ›Topaz‹, zum englischen Suspense-Thriller in ›Frenzy‹, zur Thriller-Komödie in ›Family Plot‹.

Vor wenigen Jahren noch erwartete beim Start eines Hitchcock-Thrillers wohl das Publikum von Bogart-Krimis und Wayne-Western sehnsüchtig sein Erscheinen im Kino an der Ecke, die intellektuellen Filmkritiker aber entrüsteten sich über seine Vulgarität und Oberflächlichkeit, wohingegen jetzt ein Hitchcockfilm als ein Kunstwerk mit dem raffinierten Reiz einer Strawinsky-Symphonie oder eines Picasso-Gemäldes angesehen wird.
›Motion Picture Exhibitor‹, 1969

Für Žižek sind die »Filme seit ›Marnie‹: Trotz einzelner Glanzpunkte ... ›Nach‹-Filme, Filme einer Zerfallsperiode«. Truffaut und Chabrol äußerten sich ähnlich, ihnen widersprach Jean Douchet: »Hitchcocks Werk ist eine Treppe – das ist nicht unbedingt eine Frage der Qualität, sondern eine Frage des Vorgehens: Es geht immer etwas weiter.« Die Filme von ›Torn Curtain‹ bis ›Family Plot‹ sind nicht so sehr ›Nach-Filme‹ als Filme einer Nach-Welt, Filme ohne Stars, vor allem aber Kino jenseits der Stars, bevölkert mit toten Seelen, Karrieristen, Versagern, Verrätern. Es gibt auch keine Paare mehr, die sich zusammentun oder wiederfinden, nur konventionelle Ehen, kaputte Lieben, Konsumverhältnisse, »Beziehungskisten«.

›Torn Curtain‹ ist zum erstenmal seit ›North by Northwest‹ wieder ein Film nach einer eigenen Idee und eine Spionagegeschichte. Inspiriert, sagte er, habe ihn das Verschwinden der englischen Diplomaten Burgess und Maclean; er habe sich gefragt: Was hat Mrs. Maclean dazu gesagt?

Sarah Sherman (Julie Andrews) ist Assistentin und Verlobte des Atomforschers Michael Armstrong (Paul Newman), der sich, ohne sie in seine Absichten einzuweihen, während einer Europareise in die DDR absetzt. Sie heftet sich an seine Fersen. Als Grund für seinen Verrat gibt er an, daß Washington seinem Anti-Nuklear-Projekt die Mittel entzogen hat – in

72 Hitchcocks deutsche Schauspieler: nach Goetzke, Lorre, Homolka, Slezak, Hasse in ›Torn Curtain‹ Strack und Kieling, zwei DDR-Deutsche jenseits aller Klischees.

Wahrheit will er einem Leipziger Wissenschaftler die Formel entlocken, die ihm für die Fortsetzung seiner Arbeit fehlt.

›Torn Curtain‹ ist Hitchcocks Antwort auf James Bond. Es geht nicht mehr darum, feindlichen Eindringlingen ihr Handwerk zu legen, vielmehr ist es unser Mann, der in fremdes Territorium eindringt, den anderen ein Geheimnis entreißt, ihr geistiges Eigentum stiehlt. Er handelt ohne Auftrag, auch nicht aus patriotischen Motiven, ihn treibt nur sein Ehrgeiz. Armstrong hintergeht seine Verlobte, mißbraucht das Vertrauen seines Kollegen, gefährdet seine Fluchthelfer und begeht einen brutalen Mord. Auch »mit dieser sehr langen Mordszene wollte ich mich gegen ein Klischee absetzen« und einmal »zeigen, wie schwierig, mühsam und zeitraubend es ist, einen Mann umzubringen« – zumal für einen Amateur. Armstrong ist nicht nur ein negativer Held, sondern auch ein schlechter Killer.

Wie früher entlang der englischen Ostküste oder quer durch die USA führt die Reise hier über Dänemark hinein in die DDR, über Berlin nach Leipzig und wieder heraus nach Schweden. Hitchcock ist die Strecke vorher selbst abgefahren. Was gibt es in der DDR? Die Farben des Sozialistischen Realismus und von Sovcolor, Beige-Grau mit braunroten Akzenten (Frieda Grafe: ›Verblichen. Die Farben der DDR‹). Den Kameramann John F. Warren, den er vom Fernsehen mitbrachte, ließ Hitchcock nur mit reflektiertem Licht drehen. Als Production Designer engagierte er, nicht nur seiner deutschen Herkunft wegen, den Maler und Filmarchitekten (›The Red Shoes‹) Hein Heckroth. Gedreht wurde in Westberlin und im Universal-Studio. Illegale Dokumentaraufnahmen aus der DDR bestücken die Rückprojektion. Das Pergamon-Museum ist Matte-Technik, echte Architektur fotografiert, darin Durchblicke in Dekors mit gemalten Gemälden und Schauspielern in Aktion – das ist Berliner Schule, sagt Hitchcock.

Torn Curtain (Der zerrissene Vorhang). Buch Brian Moore. Kamera John F. Warren. Production Design Hein Heckroth. Musik John Addison. Mit Paul Newman (Michael Anderson), Julie Andrews (Sarah Sherman), Wolfgang Kieling (Gromek), Hansjörg Felmy, Tamara Toumanova, Ludwig Donath, Günther Strack, Lila Kedrova

Auch ›Topaz‹, nach Leon Uris' Bestseller, ist ein Kalter-Kriegs- und Spionagefilm mit negativen Helden und verkehrten Fronten. Die Handlung pendelt zwischen fünf Städten; zehn Hauptpersonen geben sie in einem Stafettenlauf eine an die andere weiter. Ein CIA-Mann verhilft einem Moskauer Kollegen in Kopenhagen zur Flucht und stattet mit den von ihm erpreßten Informationen in Washington einen französischen Attaché aus, der in New York einem kubanischen UNO-Delegierten Papiere entwenden läßt und in Havana mit Hilfe einheimischer Regimegegner russische Raketenstellungen auskundschaftet …

Immer sind es Verratene, die zu Verrätern werden, und steckt im Verrat ein absurder Versuch zur Treue. Der Russe verrät sein Land, weil er dessen Regime mißbilligt. Eine Kubanerin konspiriert gegen Castro, weil er sowjetische Raketen ins Land läßt. Ein einstiger Maquisard verrät Frankreich, weil es sich zum Komplizen des US-Kapitalismus gemacht hat. Eine einzige Figur hat Hitchcock mit erotischem Charme ausgestattet: den von Martinique stammenden Floristen, Fotografen, Spion, der Franzose ist, aber nicht Europäer, Schwarzer, aber nicht Afrikaner, weder Ibero- noch Anglo- und doch Amerikaner – wen könnte er verraten, wen nicht?

Der Schluß konfrontiert Devereaux, den französischen Agenten, mit Granville, dem Chef eines sowjetischen Spionageringes in Paris, seinem einstigen Mitstreiter in der Résistance und Liebhaber seiner Frau. Hitchcock ließ sie sich duellieren – sie finden zurück zu einer Geste, die einer anderen Zeit angehört (und das in einem Fußballstadion!); dabei wird der Spion getötet – von einem russischen Heckenschützen: Auch die Sowjets lieben den Verrat, aber nicht den Verräter. Bei der Preview in Los Angeles fiel die Szene durch. In einer zweiten Fassung verlassen beide gleichzeitig Paris, der eine per Aeroflot in Rich-

---

Topaz. Buch Samuel Taylor n. d. Roman v. Leon Uris. Kamera Jack Hildyard. Musik Maurice Jarre. Mit Frederick Stafford (André Devereaux), Dany Robin (Nicole Devereaux), John Forsythe (Michael Nordstrom), Per-Axel Arosenius (Boris Kusenow), Roscoe Lee Browne (Philippe Dubois), John Vernon (Rico Parra), Karin Dor (Juanita de Cordoba), Michel Piccoli (Jacques Granville), Philippe Noiret (Henri Jarre), Claude Jade (Michèle Picard), Michel Subor (François Picard)

tung Moskau, der andere im PanAm-Jet nach Washington, lachend winken sie einander zu. Auch das schien dem Verleih inakzeptabel. In einer dilettantisch zusammengeschusterten Schlußszene begeht nun der Sowjetspion Selbstmord.

Zwei Jahre vor dem Start von ›Topaz‹ erschien Truffauts Interviewbuch. Die Begegnung mit einem ernstgenommenen und sich selbst ernst nehmenden Hitchcock fand zuerst im akademischen Milieu Interesse. Eben hatten Amerikas Universitäten sich den Cinema studies geöffnet; die von den ›Cahiers‹ ausgehenden Anregungen fielen dabei auf besonders fruchtbaren Boden, weil das Literaturstudium hier noch ganz vom New Criticism, dem close reading des Werks bedeutender Autoren, geprägt war. Aus »la politique des auteurs« der Pariser Cinephilen wurde bei den amerikanischen Professoren »the auteur theory«.

73–76 **Hitchcock, am Schneidetisch**. Aus einer »schwarzen« Kopie heraus fotografierte Wim Wenders 1970 den unterdrückten zweiten Schluß. »Ich bin mir vorgekommen wie der Agent N. beim Abfotografieren der kubanischen Geheimdokumente, wie ich nachts am Schneidetisch aus einer Kopie von ›Topaz‹ mit einer Spezialkamera die vorhergehenden Fotos gemacht habe: Es war zumindest genauso aufregend, weil es sich auch um Spionage handelte ...« (›Filmkritik‹ 4/70). Frederic Stafford (André Devereaux) und Michel Piccoli (Jacques Granville)

77 Zu Tisch bei den Oxfords: Vivien Merchant und Alec McGowen, zu Besuch Polizeisergeant Spearman

›Topaz‹ war der erste Film, dessen widersprüchliche Rezeption einen Stimmungsumschwung ankündigte. Bei ›Frenzy‹, dem seine Kraßheiten zehn Jahre zuvor sicher große Entrüstung eingetragen hätten, war die Reaktion der amerikanischen Kritik fast einhellig positiv.

Dem Film lag ein Londoner Milieuroman zugrunde, für Hitchcock Anlaß weniger zur Begegnung mit dem gegenwärtigen London als zur Erinnerung an das der Vorkriegszeit. Schauplatz ist der alte Covent Garden Market kurz vor dem Abriß. Unterm Vorspann liegt eine Postkarte; von Elgar-Tönen begleitet, geht sie über in eine Helikopter-Aufnahme des Embankment.

Was gab's im alten London? Jack the Ripper. »Das ist es, was die Touristen hier erwarten«, sagt ein Pub-Besucher. Ein neuer Serienmörder geht um, Lustmörder, Vergewaltiger und Würger. »So einen haben wir seit Christie nicht mehr gehabt.« Seine Identität offenbart der Film nach 20 Minuten: Rusk, Gemüsehändler en gros, der nette Sohn einer reizenden Mutter. Verdacht aber fällt auf Blaney, Ex-Staffelführer der RAF,

---

Frenzy. Buch Anthony Shaffer n. d. Roman ›Goodbye Piccadilly, Farewell Leicester Square‹ v. Arthur La Bern. Kamera Gil Taylor. Production Design Sidney Cain. Art Director Robert Laing. Bauten Simon Wakefield. Musik Ron Goodwin. Mit Jon Finch (Richard Blaney), Barry Foster (Robert Rusk), Barbara Leigh-Hunt (Brenda Blaney), Anna Massey (Babs Milligan), Alec McCowan (Inspektor Oxford), Vivien Merchant (Mrs. Oxford), Billie Whitelaw (Hetty Porter)

Held des Suez-Krieges, der sich jetzt mit Gelegenheitsjobs über Wasser hält. Seine geschiedene Frau wird ermordet, dann auch die Bedienung der Kneipe, in der er gearbeitet hat.

Den ersten Mord zeigt der Film als rasante Montage von Groß- und Detailaufnahmen, in schockierenden Details, wie in ›Psycho‹, und wie dort, um im folgenden mit weniger direkt dargestellter Gewalt auszukommen. Den zweiten umschreibt ein Travelling, das erst Täter und Opfer durch Hausflur und Treppenhaus zu Rusks Wohnungstür begleitet, dann derselbe Weg zurück, Schwenk und Fahrt rückwärts über Treppe und Flur hinaus auf die Straße und weiter, bis man das ganze Haus sieht, mit dem Blumenfenster, hinter dem der Mord passiert. »Wir haben die Schienen an der Decke befestigt und die Kamera aufgehängt. Draußen gibt es einen Schnitt, aber den merkt man nicht, weil in dem Moment jemand vor der Kamera hergeht.«

Wie in ›Strangers on a Train‹ tötet einer die Frau eines anderen, so daß auf diesen der Verdacht fällt: Rusk spielt Blaney der Polizei in die Hände. Wie im ›Lodger‹ läßt Rachedurst den Verdächtigten fast selbst zum Mörder werden: Blaney entkommt dem Zuchthaus, will Rusk erschlagen, findet in seinem Bett ein neues Mordopfer. Und wie in ›Dial M‹ hilft dem Opfer des Justizirrtums ein skeptischer Kriminalbeamter.

Den Vergleich seiner Ehe mit derjenigen Blaneys legt Inspektor Oxford selbst dem Zuschauer nahe: Diejenige Blaneys hat zehn Jahre gehalten, seine dauert jetzt acht. Mrs. Oxford ist Adeptin der französischen Küche und setzt ihrem Mann Pieds de porc à la mode de Caen vor und Cailles aux raisins. Essen, Nahrung in jedwedem Zustand, spielt eine große Rolle in ›Frenzy‹, das Rohe und das Gekochte, Fleischliches und Pflanzliches, und wird in Beziehung gesetzt zu Sexualität und Mord. Ein Hauch von Kannibalismus durchweht den Film.

78 Fotositzung »body part dinner«, um 1970

Kurz vor dem Start des Films, 1972, verlieh die Columbia University Hitchcock ihre Ehrendoktorwürde – Ausdruck nicht nur seines wachsenden Ruhms, sondern auch des zunehmenden Ansehens, dessen das Kino in der akademischen Welt sich nun erfreute. 1974 widmete die Film Society des New Yorker Lincoln Center Hitchcock ihre jährliche Gala-Veranstaltung.

Im Jahr darauf drehte er seinen letzten Film, ›Family Plot‹, eine Thriller-Komödie mit Slapstickelementen – Aufnahmen in Süd- und Nordkalifornien, Los Angeles und San Francisco zu einem deutlich synthetischen Raum kombiniert. Der doppeldeutige Titel, dessen französische und deutsche Übersetzungen, dort ›Complot de famille‹, hier ›Familiengrab‹, jeweils nur eine Hälfte wiedergeben, stammt von Hitchcock. Interessiert habe ihn an dem Sujet das Strukturproblem: »Zwei getrennte Aktionen und Personengruppen allmählich, unausweichlich zusammenzubringen.« Die Abstraktions- und Reduktionstendenz seines Spätwerks treibt er in seinem letzten Film noch weiter. Die Szene auf einem Friedhof, der von oben gesehen aussieht wie ein Labyrinth ohne Ausweg, nannte er einen in Bewegung gesetzten Mondrian.

Zwei durch Geschäft und Sex konstituierte Paare: das angebliche Medium Blanche und ihr Komplize George, ein als Taxifahrer arbeitender Schauspieler, der ihr für ihre Séancen Informationen beschafft, und der Juwelier Adamson mit seiner Gefährtin Fran, die reiche Männer kidnappen und sie gegen Diamanten tauschen. Alle vier spielen Rollen, ohne daß dahinter irgendeine »wahre Identität« erkennbar würde. Ihre Wege steuern aufeinander zu wie die Schritte der beiden Fremden im Zug. Blanche wird von Miss Rainbird, einer reichen Klientin, gebeten, ihren als Kind abgeschobenen Neffen zu finden, sie will ihm ihr Vermögen hinterlassen, und George entdeckt, daß der

Family Plot (Familiengrab). Buch Ernest Lehman n. d. Roman ›The Rainbird Pattern‹ v. Victor Canning. Kamera Leonard J. South. Musik John Williams. Mit Barbara Harris (Blanche Tyler), Bruce Dern (George Lumley), Karen Black (Fran), William Devane (Arthur Adamson), Cathleen Nesbitt (Julia Rainbird), Ed Lauter (Joseph Maloney)

präsumtive Erbe eben jener Juwelier ist. Er hat seine Pflegeeltern umgebracht, seinen Grabstein neben den ihren gestellt und als Adamson ein neues Leben begonnen.

Fast der ganze Film eine Parallelmontage, deren Stränge sich erst in der letzten Rolle treffen. Die beiden Paare sind eins des anderen Spiegelbild; beide bestehend aus einem gerissenen Gauner und seinem ihm ergebenen Partner, die Geschlechterrollen vertauscht; um Sex geht es bei beiden Paaren unentwegt, vorzugsweise »perversen«, in obszönen Reden und Gesten, nur nicht in actu. Und in beiden Geschichten spielt Glas eine wichtige Rolle: die Kugel, aus der das Medium weissagt (damit beginnt der Film), die Diamanten und der Lüster, in denen der Juwelier sie passenderweise versteckt.

Zum Schluß führt Blanche, scheinbar in Trance, ihren Freund zu dem Versteck. George ist beeindruckt: »Blanche, you *are* psy-

78 Die letzte »Kamee«, in ›Family Plot‹: die bekannte Silhouette hinter der Scheibe eines Büros zur Registrierung von Geburten und Todesfällen!

chic« und doch kein fake. Sie schaut in die Kamera und zwinkert dem Zuschauer zu. Der ist, wie so oft bei unserem Autor, im Bund mit den Profiteuren, den Gewissenlosen und den Schwindlern.

Im Jahr 1974 mußte Hitchcock sich einen Herzschrittmacher einsetzen lassen. Zwei Jahre zuvor schon hatte Alma einen ersten Herzinfarkt, 1975 einen zweiten. Sie war schließlich völlig in sich gekehrt und verbrachte ganze Tage vorm Fernseher. Hitchcock kümmerte sich, zusammen mit Pat, um sie, litt aber selbst unter Arthrose und trank unmäßig, vorzugsweise Wodka.

1978 und 1979 arbeitete er, erst mit Ernest Lehman, der auch ›Family Plot‹ geschrieben hatte, dann mit David Freeman an seinem letzten Drehbuch, ›The Short Night‹. Es geht auf zwei Bücher zum selben Gegenstand zurück: einen Roman gleichen Titels und eine Reportage über den ›Ausbruch von George Blake‹, einem englischen Sowjetspion, der aus einem Londoner Gefängnis geflohen war. Im Roman verfolgt ihn, um ihn vor Erreichen der sowjetischen Grenze zu liquidieren, ein CIA-Agent. Hitchcock läßt ihn die Frau des Entflohenen treffen. »Die Situation interessiert mich: Der Mann verliebt sich in die Frau des Mannes, dem er auflauert, um ihn zu erschießen. Es ist wie eine französische Farce, von links auf rechts gewendet ... So wird die Liebesgeschichte überschattet von diesem Geheimnis, das ihr einen besonderen Geschmack, eine besondere Atmosphäre mitteilt.«

Im März 1979 verlieh ihm das American Film Institute seinen Life Achievement Award – in der Fernsehaufzeichnung wirken Hitchcock und Alma schon wie nicht mehr von dieser Welt. 14 Tage darauf beendete er die Arbeit mit Freeman, schloß sein Büro und entließ das Personal. Im Dezember er-

Journalist: Wenn man sechsundsiebzig ist, und man wird morgens wach und heißt Alfred Hitchcock, was empfindet man dann?
Hitchcock: Geht der Film, fühlt man sich gut, geht er nicht, fühlt man sich elend.
Pressekonferenz zu ›Family Plot‹

nannte ihn die Queen zum Knight Commander of the British Empire. »The Short Knight« – den Kalauer mochte Hitchcock sich auch jetzt nicht verkneifen.

Am 29. April 1980 starb Sir Alfred an Nierenversagen. Freeman meint, seinen letzten Streich habe er sich mit seiner Trauerfeier geleistet. »Kein Sarg«, beobachtete Truffaut, »der war schon unterwegs mit unbekanntem Ziel.« Freeman glaubt zu wissen, wohin: zum Krematorium. »Er lachte als letzter. Bei der Feier, formell, katholisch, korrekt« – Pater Tom Sullivan, S.J., sprach zum Thema ›Man lebt nur zweimal, das Beste kommt noch‹ –, »fehlte sein Sarg. Er hatte eine Einäscherung arrangiert.« Für einen Katholiken seiner Generation fast ein Sakrileg. Bis 1963 war Feuerbestattung, der heidnischen Tradition wegen und weil der Auferstehung des Leibes hinderlich, den Gläubigen streng untersagt.

Hitchcocks letztwillige Verfügung lädt, wie seine Filme, das Publikum ein zur Interpretation.

François Truffaut: Hitchcock, portraitiert von Henry James. *Um einen Text über Hitchcock gebeten, empfahl Truffaut den ›Cahiers du Cinéma‹ nach dem Tod des Regisseurs folgenden Abschnitt aus ›The Beast in the Jungle‹ von Henry James: Er erschien ihm als »das bestmögliche Portrait des neuen Gastes im Hotel der Toten«.*

Er hatte sich, solange niemand Bescheid wußte, für den am wenigsten selbstbezogenen Menschen auf der Welt gehalten, so still hatte er stets seine schwere Last getragen, die immerwährende Spannung ausgehalten und darüber geschwiegen, andere nie davon wissen lassen, noch von der Wirkung, die es auf sein Leben ausübte, keine Rücksicht von ihnen verlangt, selbst aber jede genommen, die von ihm verlangt wurde. Er hatte niemandem die befremdliche Einsicht zugemutet, es mit einem Gejagten zu tun zu haben, obwohl es Momente großer Versuchung gab, in denen er gern gehört hätte, daß es jemandem »unbehaglich« zumute sei. Wäre es ihnen so unbehaglich zumute wie ihm – der sich nie auch nur für eine Stunde seines Lebens behaglich gefühlt hatte –, so wüßten sie, was es bedeutete. Indes, es war nicht seine Sache, sie zu beunruhigen, und so hörte er ihnen mit der gebotenen Höflichkeit zu. Deshalb hatte er so untadelige – wenn vielleicht auch ziemlich farblose – Umgangsformen; deshalb vor allem konnte er sich schmeicheln, in einer gierigen Welt für leidlich – sogar für etwas übertrieben – selbstlos gehalten zu werden.

Zeittafel

1899 Am 13. August wird in Leyton-
stone, damals Essex, heute
London, Alfred Joseph Hitch-
cock als drittes und jüngstes
Kind des Gemüse- und Geflü-
gelhändlers William Hitchcock
und seiner Frau Emma, geb.
Whelan, geboren, und am 14.
August in Nottingham Alma
Reville, seine spätere Frau und
Mitarbeiterin, als einziges Kind
Matthew Edward Revilles und
seiner Frau Lucy, geb. Owen.

1907 Umzug der Familie nach Poplar, damals Essex, heute London, dann

1910 in den Londoner Stadtteil Step-
ney. Bis 1913 Besuch des St.
Ignatius College im Londoner
Stadtteil Stanford Hill.

1913 Besuch von Abendkursen an
der Londoner Universität.

1914 Am 12. Dezember stirbt der Vater, William Hitchcock.

1915–1920 ist Alfred Hitchcock Büro-
angestellter bei der Henley
Telegraph and Cable Company.

1919 erscheint im ersten Heft der
Hauszeitschrift der Firma seine
Kurzgeschichte ›Gas‹.

1920 Als Zeichner von Zwischentiteln zu Famous Players-Lasky
in deren Studio im Londoner
Stadtteil Islington.

1921 Bekanntschaft mit Alma Reville, Scriptgirl und Cutterin
bei derselben Firma.

1922 Mitarbeit an Filmen von Holly-
woodregisseuren in Islington.
Mit Seymour Hicks, dem Produzenten und Hauptdarsteller,
Regie bei ›Always Tell Your

Wife‹. Regie bei dem unver-
öffentlichten Zweiakter
›Number Thirteen‹.

1923 Famous Players-Lasky stellen
ihre Produktion in Islington
ein. Michael Balcon, Victor Saville und John Freedman übernehmen das Studio. Hitchcock
Regieassistent bei ihrer Produktion ›Woman to Woman‹.
Bis 1925 Mitarbeit in verschiedenen Funktionen an ›The
White Shadow‹, ›The Passio-
nate Adventure‹, ›The Prude's
Fall‹ und in Berlin ›The Blackguard‹/›Die Prinzessin und
der Geiger‹. Regie bei allen
diesen Filmen Graham Cutts.

1924 Michael Balcon gründet Gainsborough Pictures.

1925 Hitchcock führt Regie bei
›The Pleasure Garden‹/›Irr-
garten der Liebe‹ und ›The
Mountain Eagle‹/›Der Berg-
adler‹, Coproduktionen von
Gainsborough Pictures und
der Münchner Firma Emelka
(Londoner Premiere beider
Filme erst 1927).

1926 ›The Lodger: A Story of the
London Fog‹, mit Ivor Novello
(Premiere 1927). Am 2. Dezem-
ber Heirat mit Alma Reville.
Das Paar mietet eine Woh-
nung, Cromwell Road 153.

1927 Zwei weitere Gainsborough-
Produktionen, ›Downhill‹ und
›Easy Virtue‹, dann Wechsel zu
British International Pictures
(BIP). Bis

1932 Zehn Filme für BIP in deren
Studio in Elstree. 1927 ›The

ZEITTAFEL

Ring‹ und ›The Farmer's Wife‹ (Premiere 1928).

1928 ›Champagne‹ und ›The Manxman‹ (Premiere 1929). Erwerb eines Landhauses in Shamley Green, Surrey. Am 7. Juli Geburt der Tochter Patricia Alma Hitchcock.

1929 ›Blackmail‹, in einer stummen und einer Tonfassung, und ›Juno and the Paycock‹, nach Sean O'Casey.

1930 ›Murder!‹ (deutsche Fassung ›Mary‹ oder ›Sir John greift ein‹) und ›The Skin Game‹ (Premiere 1931).

1931 Schiffsreise mit Ehefrau Alma und Tochter Patricia nach Westafrika und in die Karibik.

1932 Die letzten Filme für BIP: ›Number Seventeen‹ und ›Rich and Strange‹.

1933 Für den Produzenten Tom Arnold Regie bei ›Waltzes from Vienna‹.

1934–1936 Vier Filme für Gaumont-British in deren Studio in Shepherd's Bush. 1934 ›The Man Who Knew Too Much‹, erste Fassung.

1935 ›The 39 Steps‹ und ›Secret Agent‹ (Premiere 1936).

1936 ›Sabotage‹. Gaumont-British stellen ihre Produktion ein.

1937 Zwei Filme für Gainsborough Pictures: ›Young and Innocent‹ und ›The Lady Vanishes‹ (Premiere beider Filme 1938). Erste New-York-Reise.

1938 Zweite Reise in die USA, Sieben-Jahres-Vertrag mit dem Produzenten David O. Selznick. In England für Mayflower Pictures Regie bei seinem vorerst letzten englischen Film, ›Jamaica Inn‹ (Premiere 1939).

1939–1947 Unter Vertrag bei David O. Selznick, für diesen aber nur drei Filme, zwischendurch sie-

ben für andere Firmen. 1939 übersiedeln die Hitchcocks nach Los Angeles, mieten von Carole Lombard deren Haus in der St. Cloud Road, Bel Air. Die erste Selznick-Produktion: ›Rebecca‹, mit Laurence Olivier und Joan Fontaine. (Premiere 1940, Oscar als bester Film des Jahres).

1940 Für Walter Wanger ›Foreign Correspondent‹. Zwei Filme für RKO: ›Mr. and Mrs.Smith‹, mit Carole Lombard und Robert Montgomery (Premiere 1941) und

1941 ›Suspicion‹, mit Joan Fontaine und Cary Grant.

1942 Zwei Filme für Universal: ›Saboteur‹ und ›Shadow of a Doubt‹ (Premiere 1943). Im August Erwerb des Hauses Bellagio Road 10957 in Bel Air, dann auch einer Ranch im Scotts Valley nahe Santa Cruz. Am 26. September in London Tod der Mutter, Emma Hitchcock.

1943 Für 20th Century-Fox ›Lifeboat‹ (Premiere 1944).

1944 In London zwei Kurzfilme für das Informationsministerium. Nach der Rückkehr für Selznick ›Spellbound‹, mit Ingrid Bergman und Gregory Peck (Premiere 1945, großer finanzieller Erfolg).

1945/1946 Für RKO ›Notorious‹, mit Ingrid Bergman und Cary Grant (großer finanzieller Erfolg).

1946 Zusammen mit Sidney Bernstein Gründung der Produktionsfirma Transatlantic Pictures.

1947 Der letzte Film für Selznick: ›The Paradine Case‹, mit Alida Valli und Gregory Peck.

1948 Zwei Filme, Hitchcocks erste Farbfilme, in der eigenen Produktionsfirma, Transatlantic Pictures, Verleih beider Filme Warner Bros.: ›Rope‹, mit James Stewart und in London ›Under Capricorn‹, mit Ingrid Bergman (Premiere 1949).

1949–1953 Nach dem Mißerfolg von ›Under Capricorn‹ und Liquidation von Transatlantic Pictures vier Filme für Warner Bros., die ersten drei wieder in Schwarzweiß. 1949 in London ›Stage Fright‹ (Premiere 1950).

1950 ›Strangers on a Train‹, nach Patricia Highsmith, in einer Nebenrolle Tochter Patricia (Premiere 1951)

1952 ›I Confess‹, mit Montgomery Clift und Anne Baxter (Premiere 1953).

1953 In Farbe und 3-D: ›Dial M for Murder‹, mit Ray Milland und Grace Kelly (Premiere 1954).

1953–1960 Sechs Filme für Paramount, bis auf den letzten alle in Farbe, zwischendurch je einer für Warner Bros. und MGM. 1953/54 ›Rear Window‹, mit James Stewart und Grace Kelly (großer finanzieller Erfolg).

1954 ›To Catch a Thief‹, mit Cary Grant und Grace Kelly und ›The Trouble with Harry‹ (Premiere beider Filme 1955)

1955 ›The Man Who Knew Too Much‹, zweite Fassung, mit James Stewart und Doris Day (Premiere 1956). Am 20. April 1955 wird Hitchcock amerikanischer Saatsbürger. Bis 1962 Fernsehserien ›Alfred Hitchcock Presents‹ und ›The Alfred Hitchcock Hour‹ (452 Folgen, davon 20 in eigener Regie).

1956 Für Warner Bros., in Schwarzweiß: ›The Wrong Man‹, mit Henry Fonda und Vera Miles.

1957 Für Paramount: ›Vertigo‹, nach Boileau und Narcejac, mit James Stewart und Kim Novak (Premiere 1958). Das erste Buch über Hitchcock, von Eric Rohmer und Claude Chabrol, erscheint in Frankreich.

1958 Für MGM: ›North by Northwest‹, mit Cary Grant (Premiere 1959, großer finanzieller Erfolg).

1959 Hitchcocks letzter Film für Paramount, in Schwarzweiß: ›Psycho‹, mit Anthony Perkins und Janet Leigh (Premiere 1960, Hitchcocks größter finanzieller Erfolg).

1962–1975 Sechs Filme für Universal, alle in Farbe. 1962 ›The Birds‹, mit Tippi Hedren und Rod Taylor (Premiere 1963). Beginn der Aufnahmen des 50-Stunden-Interviews mit François Truffaut (Veröffentlichung als Buch 1966: ›Le Cinéma selon Hitchcock‹).

1964 ›Marnie‹, mit Tippi Hedren und Sean Connery.

1965/1966 ›Torn Curtain‹, mit Paul Newman und Julie Andrews.

1969 ›Topaz‹, nach Leon Uris.

1971 In London: ›Frenzy‹ (Premiere 1972).

1975 Hitchcocks letzter Film: ›Family Plot‹ (Premiere 1976).

1978 Arbeit am Drehbuch zu ›The Short Night‹.

1979 Im März Life Achievement Award des American Film Institute, im Dezember Ernennung zum Knight Commander of the British Empire.

1980 Am Morgen des 29. April stirbt Alfred Hitchcock an Nierenversagen.

1983 Im Juli stirbt Alma Reville.

Literaturhinweise

Auiler, Dan: Hitchcock's Notebooks. An Authorized and Illustrated Look Inside the Creative Mind of Alfred Hitchcock. New York 1999.
Entwürfe, Briefe, Zeichnungen wie Kraut und Rüben, eine Fundgrube, aber extrem oberflächlich und fehlerhaft kommentiert.

Auiler, Dan: Vertigo. The Making of a Hitchcock Classic. New York 1998.

Bogdanovich, Peter: The Cinema of Alfred Hitchcock. New York 1963.
Das erste große Interview mit Hitchcock, unübertroffen in der Wiedergabe des Sprechduktus der Dialogpartner. Mit Zusätzen nachgedruckt in ders., ›Who the Devil Made It‹.

Boyd, David (Hg.): Perspectives on Alfred Hitchcock. New York 1995.
Ausgewählte Zeitschriftenaufsätze und Buchkapitel, zumeist aus amerikanischen Publikationen, als Einführung eine kleine Rezeptionsgeschichte.

Brill, Lesley: The Hitchcock Romance. Love and Irony in Hitchcock's Films. Princeton 1988.
Ausgehend von Northrop Fry, eine Untersuchung über Hitchcock als Romantiker.

Deutelbaum, Marshall und Leland Poague (Hg.): A Hitchcock Reader. Ames, Iowa 1986.
Eine vorzügliche Anthologie neuerer marxistisch, linguistisch und feministisch inspirierter Aufsätze und Buchauszüge amerikanischer Autoren.

Douchet, Jean: Alfred Hitchcock. Paris 1967. Erweiterte Fassung: Hitchcock. Paris 1985.
Von einem Pionier der Hitchcockexegese aus der Truppe der ›Cahiers du Cinéma‹ eine kabbalistisch inspirierte »metaphysische« Analyse des »esoterischen Suspense«.

Durgnat, Raymond: The Strange Case of Alfred Hitchcock. London 1974.
Ein sehr englisches Buch: Hitchcock als hervorragender Handwerker und Mainstream-Regisseur, doch im Grunde ohne die Qualitäten eines originellen Künstlers.

Estève, Michel (Hg.): Alfred Hitchcock. Paris 1971.
Anthologie mit Beiträgen französischer Autoren über verschiedene Aspekte des Hitchcockschen Werkes.

Finler, Joel W.: Hitchcock in Hollywood. New York 1992. Englische Ausgabe Alfred Hitchcock: The Hollywood Years, Batesford 1992.
Chronologische Darstellung seiner Hollywood-Karriere, reich an Hintergrundinformationen.

Freeman, David: The Last Days of Alfred Hitchcock. New York 1984.
Indiskrete, aber nicht respekt- oder lieblose Erinnerungen des Szenaristen von ›The Short Night‹ an die letzten zwei Lebensjahre.

Gottlieb, Sidney (Hg.): Hitchcock on Hitchcock. Selected Writings and Interviews. Berkeley / Los Angeles / London 1994.
Vorzüglich kommentierte, quasi-komplette Anthologie von Veröffentlichungen Hitchcocks aus allen Abschnitten seiner Karriere.

Hurley, Neil P.: Soul in Suspense. Hitchcock's Fright and Delight. Metuchem, N. J. / London 1993.
Eine theologische Betrachtung von Leben und Werk.

Kapsis, Robert E.: Hitchcock. The Making of a Reputation, Chicago 1992.

Eine Geschichte der Rezeption des Werkes und der Strategien des Autors zu ihrer Beeinflussung.

La Valley, Albert J. (Hg.): Focus on Hitchcock. Eaglewood Cliffs, N. J. 1972.
Eine gute Auswahl von Aufsätzen und Buchkapiteln aus den Anfängen der kritischen Rezeption, auch Übersetzungen.

Leitch, Thomas: Find the Director and Other Hitchcock Games. Athens, Georgia 1991.
Hitchcocks spielerischer Umgang mit seinem Publikum; wie er es immer wieder neu auf gewisse Regeln einschwört, um diese dann selbst zu variieren, umzustoßen, durch neue zu ersetzen.

Modleski, Tania: The Women Who Knew Too Much. Hitchcock and Feminist Theory. New York/ London 1988.
Eine subtile Analyse sexualpsychologischer Aspekte, die es gegen ideologische Interpretationen sowohl aus traditionell maskuliner wie aus doktrinär feministischer Sicht in Schutz nimmt.

Narboni, Jean (Hg.): Alfred Hitchcock. Paris 1980.
Sonderausgabe der ›Cahiers du Cinéma‹ mit einem Reprint des Oktoberhefts 1954 mit Artikeln von Astruc, Bazin, Chabrol, Rohmer, Truffaut u. a. und mehreren neuen Beiträgen.

Paglia, Camille: The Birds. London 1998.

Phillips, Gene D.: Alfred Hitchcock. Boston 1984.
Leben und Werk aus der Perspektive eines cinephilen Jesuiten.

Raubicheck, Walter und Walter Srebnick (Hg.): Hitchcock's Rereleased Films: from Rope to Vertigo. Detroit 1991.
Vorträge amerikanischer Wissenschaftler von einem Seminar über die 1985 neu gestarteten Filme.

Rebello, Steven: Alfred Hitchcock and the Making of Psycho. New York 1990.

Rohmer, Eric und Claude Chabrol: Hitchcock. Paris 1957. Englisch: Hitchcock. The First Forty-Four Films. New York 1979.
Das erste, für die Rezeption in den sechziger Jahren maßgebende Hitchcockbuch. Es öffnete den Blick für die Relevanz der Form in seinem Werk; engt die Perspektive aber ein auf katholische Themen und verteidigt Hitchcocks vermeintliche Misogynie und Homophobie.

Rothman, William: Hitchcock. The Murderous Gaze. Cambridge, Mass. 1982.
Sehr detaillierte Exegese der Kameraarbeit in fünf Hauptwerken, als ein Vorgehen, das den Zuschauer der Weltsicht des Autors bis zur Willenlosigkeit unterwirft.

Ryall, Tom: Alfred Hitchcock & the British Cinema. Beckenham, Kent 1986.
Hitchcocks englische Karriere im Zusammenhang mit kulturellen, sozialen, wirtschaftlichen Entwicklungen im England der Vorkriegszeit .

Ryall, Tom: Blackmail. London 1993.

Sharf, Stefan: The Art of Looking in Hitchcok's ›Rear Window‹. New York 1997.

Sloan, Jane: Alfred Hitchcock. A Guide to References and Resources. New York 1993. Erweiterte Neuauflage 1995.
Biographie und Rezeptionsgeschichte, Filmographie mit ausführlichen, zuverlässigen Beschreibungen und annotierte Bibliographie aus 1042 Nummern.

Spoto, Donald: The Dark Side of the Genius. The Life of Alfred Hitchcock. Boston 1983. Deutsch: Alfred Hitchcock. Die dunkle Seite des Genies. München 1986.
Ausführliche postume Biographie mit vielen unbekannten, Details, generell gut recherchiert, dann aber oberflächliche psychologische Interpretationen und dumme Rechthaberei.

Taylor, John Russell: Hitch. The Life and Times of Alfred Hitchcock. New York 1978. Deutsch: Die Hitchcock-Biographie. Alfred Hitchcocks Leben und Werk. München 1980.
Von Hitchcock inspirierte und autorisierte, noch zu seinen Lebzeiten erschienene Biographie, die Leben und Werk in engem Zusammenhang sieht. Von Spoto wohl an Materialfülle, aber nicht an Verständnis übertroffen.

Truffaut, François: Le Cinéma selon Hitchcock. Paris 1967. Deutsch: Mr. Hitchcock, wie haben Sie das gemacht? München 1973. Erweiterte Ausgabe: Hitchcock, Paris 1983. Deutsch: München 1999.
Truffauts Fünfzig-Stunden-Interview, kondensiert, organisiert und redigiert – ein Kultbuch. Alles, was Hitchcock von sich und seinen Filmen sagen wollte.

Wood, Robin: Hitchcock's Films. London/New York 1965.
Das Buch eines passionierten Cinephilen, das in den englischsprachigen Ländern zu seiner Zeit ähnliches leistete wie das von Rohmer und Chabrol in Frankreich. Wood sieht Hitchcock weniger als Katholiken, mehr als Moralisten.

Wood, Robin: Hitchcock's Films Revisited. New York 1989.
Nachdruck des vorstehenden, mit kritischer Einführung, ergänzenden und korrigierenden Aufsätzen. Vom »liberalen Humanisten« und Anhänger der Autorenpolitik hat sich Wood zu »einer Art Marxist« und bekennendem Schwulen entwickelt.

Wulff, Hans J.: All About Alfred. Münster 1988.
Bibliographie mit über 2000 Titeln.

Yacowar, Maurice: Hitchcock's British Films. Hamden, Conn. 1977.
Ausführliche und kenntnisreiche Darstellung der englischen Filme, vor allem der immer noch schlecht bekannten frühen.

Žižek, Slavoj und Mladen Dolar (Hg.): Tout ce que vous avez toujours voulu savoir sur Lacan sans jamais oser le demander à Hitchcock. Paris 1988. Englisch: Everything You Always Wanted to Know About Lacan (But Were Afraid to Ask Hitchcock). London/New York 1992. Deutsch: Ein Triumph des Blicks über das Auge. Psychoanalyse bei Hitchcock. Wien 1992.
Keine psychoanalytische Interpretation der Hitchcock-Filme, sondern diese als Illustration Lacanscher Begriffe.

Bildnachweis

Academy of Motion Picture Arts and Sciences/Margaret Herrick Library (Barbara Hall, David Marsh) 1, 2, 6, 8, 11, 13, 14, 17, 36, 39, 40, 43, 45, 46, 49, 52, 58, 61, 70, 78
British Film Institute (Shirley Collier, Rob White) 12, 25, 28, 29, 41, 50, 68
Collection Cahiers du Cinéma (Catherine Frochen) 18, 48, 63
Filmbild Fundus (Robert Fischer, Herbert Klemens) 15, 20, 22, 23, 24, 26, 27, 35, 37, 42, 44, 51, 67, 69
Gerhard Ullmann 38, 53, 54, 55, 56, 57, 66

Jerry Ohlinger's Movie Material Store 19, 30
Stiftung Deutsche Kinemathek (Peter Latta, Wolfgang Theis) 10, 31, 34, 72
Universal Archives (Jan-Christopher Horak) 7, 9, 21, 77, 79
Wim Wenders 73, 74, 75, 76
Wisconsin Center for Film and Theater Research (Maxine Ducey, Ben Brewster) 33

Die Rechte der hier nicht aufgeführten Abbildungen konnten leider nicht ermittelt werden. Berechtigte Ansprüche werden selbstverständlich angemessen abgeglichen.

Register

Allardice, James B.   119
Allen, Jay Presson   136
Altman, Robert   115
Ambler, Eric   114
Anderson, Judith   70
Anderson, Lindsay   34
Anderson, Maxwell   120
Andrews, Julie   142
Auber, Brigitte   109

Balcon, Michal   22, 24, 28, 32, 34, 51f., 54, 59, 63, 67, 82
Balfour, Betty   37
Bankhead, Tallulah   43
Barrie, Sir James Matthew   52
Barry, Iris   24
Bass, Saul   122ff.
Baxter, Anne   98, 101
Bazin, André   65
Bennett , Charles   39, 52, 62f., 120
Bergman, Ingrid   9, 14, 68, 83, 85, 87, 93f., 127, 134
Bernstein, Sidney Lewis   24, 82, 89
Bogart, Humphrey   95
Bogdanovich, Peter   15, 23, 33, 43, 52, 64, 86, 91, 94, 109, 115, 117, 140f.
Borges, Jose Luis   55f.
Boyle, Robert   135, 141
Brahm, John   115
Brunel, Adrian   24, 29
Buchan, John   54f.
Buffet, Bernard   97
Buñuel, Luis   23
Burks, Robert   100, 105, 131, 135, 141
Burr, Raymond   88

Cagney, James   95
Cameron, Ian   130
Capra, Frank   89, 129
Carey, Harry   76
Carroll, Madleine   57ff.
Chabrol, Claude   16, 64, 113, 139, 142
Chandler, Raymond   98
Chaplin, Sir Charles Spencer   9, 21, 36
Christie, Agatha   95, 146
Clift, Montgomery   47, 86, 101
Coleman, Herbert   130
Connery, Sean   137
Conrad, Joseph   58, 60
Cooper, Gary   76
Cotten, Joseph   78, 93, 117
Crisp, Donald   21, 26
Cukor, George   128f.
Cutts, Graham   22, 28

Dahl, Roald   117
Dalí, Salvador   8, 84, 97
Day, Doris   112, 133
Day, Laraine   25, 72
Deleuze, Jacques   7, 51, 113
Dietrich, Marlene   96, 105, 128
Disney, Walt   9, 61, 75, 87, 135
Douchet, Jean   66, 113, 141f.

du Maurier, Daphne   134
Dubuffet, Jean   97
Durgnat, Raymond   99

Eisenstein, Sergej Michajlowitsch   24f.
Elina, Lise   27
Elvey, Maurice   52
Ewell, Tom   117

Fairbanks, Douglas   21
Fisher, Terence   65
Fitzgerald, F. Scott   76
Fitzmaurice, George   21
Fonda, Henry   121
Fontaine, Joan   68f., 74
Ford, John   89, 121, 129, 140
Foster, Barry   19
Freedman, John   22
Freeman, David   7, 9, 13, 26, 125, 150
Friedkin, William   115

Gable, Clark   69
Gassmann, Remi   134
Gein, Ed   131
Gieldgud, John   59
Glynn, Elinor   22
Godard, Jean-Luc   10, 24, 100, 105, 114, 121f.
Goetzke, Bernhard   23, 142
Goldwyn, Samuel   89
Gomery, Douglas   9
Goold, Robert   17
Granger, Farley   90, 99
Grant, Cary   8, 43f., 57, 74, 76, 85, 105, 108f., 113, 126, 128f., 134
Grierson, John   50
Griffith, David Wark   9, 21, 116

Harlans Melo, Veit   65
Harrison, Joan   71, 117
Hasse, O. E.   101, 142
Hawks, Howard   128, 140
Hayes, John Michael   105, 112, 120
Head, Edith   105
Hecht, Ben   73, 83
Heckroth, Hein   143
Hedren, Tippi   9, 15, 134, 136f., 141
Hepburn, Audry   130, 134
Herrmann, Bernard   105, 129, 131, 141
Highsmith, Patricia   98
Hitchcock, Alma Lucie, geb. Reville   25ff., 71, 97f., 103
Hitchcock, Charles   10
Hitchcock, Emma Jane, geb. Whelan (Mutter)   10, 13f.
Hitchcock, Joseph   10
Hitchcock, Nellie   10, 13
Hitchcock, Patricia Alma   27, 97
Hitchcock, William (Bruder)   10, 13
Hitchcock, William (Vater)   10f., 13, 18
Homolka, Oskar   101, 142
Hunter, Evan   134, 136
Hurley, Neil P.   17, 101
Huston, John   139

Irish, William 105

Kazan, Elia 139
Kehr, Dave 112
Kelly, Grace 9, 87, 102f., 105ff., 113, 136
Kurosawa, Akira 116

Laemmle, Carl 76
Landis, Jessie Royce 108
Lang, Fritz 23f., 53, 140
Lasky, Jessy L. 21
Laughton, Charles 67
Lehman, Ernest 16f., 126, 131, 150
Leigh, Vivien 68
Leitch, Thomas M. 41, 101f., 120
LeRoy, Mervyn 89
Lewton, Val 75
Lombard, Carole 69, 74
Lorre, Peter 58f., 142
Lubitsch, Ernst 22, 33, 89, 105, 110, 129

MacLaine, Shirley 109
MacPhail, Angus 24, 83
Mann, Anthony 129
Marker, Chris 124f.
Marshall, Herbert 72
Marx Brothers 105
Mason, James 126
Maxwell, John 34, 45, 49
Mayer, Irene 68
Mayer, Louis B. 68
McCrea, Joel 25, 71
Menzies, Cameron 84
Miles, Vera 122
Milland, Ray 102
Minnelli, Vincente 111
Modleski, Tania 27
Montagu, Ivor 24, 29, 54, 62f.
Montgomery, Robert 74
Moullet, Luc 128
Murnau, F. W. 23, 25, 31

Narboni, Jean 72
Negri, Pola 105
Newman, Paul 87, 142
Novak, Kim 123
Novello, Ivor 30f., 47

Olivier, Laurence 47, 69
Ondra, Anny 39, 87
Ormonde, Czenzi 98
Ostrer, Isidore 62

Pabst, G. W. 24
Peck, Gregory 84, 88
Percy, Esmé 47
Picasso, Pablo 97, 121
Pinero, Arthur Wing 52
Poe, Edgar Allan 19, 116f., 140
Pollack, Sydney 115
Pudowkin, Wsewolod Illarionowitsch 24f.

Rains, Claude 14, 85
Rank, Arthur 76
Ray, Nicholas 111
Redgrave, Michael 66
Rivette, Jacques 117, 139
Rodin, Auguste 97
Rohmer, Eric 112f., 123, 125, 139

Roosevelt, Franklin D. 95, 126
Rosenberg, Stuart 115
Rossellini, Roberto 83, 94
Rouault, Georges 97
Russell, John L. 131

Saint, Eva Marie 127
Sala, Oscar 134
Sarris, Andrew 100, 140f.
Saville, Victor 22
Savory, Gerald 62
Schüfftan, Eugen 41, 53
Selznick, David O. 67ff., 71, 78, 83, 85, 87ff., 93
Senett, Mack 116
Simpson, Helen 62
Siodmak, Robert 65
Sirk, Douglas 111, 133
Slezak, Walter 81, 142
Somerset Maugham, William 58
Spoto, Donald 15, 129
Stanwyck, Barbara 76
Stefano, Joseph 131, 136
Sternberg, Joseph von 105
Stewart, James 19, 25, 91, 105ff., 111ff., 121f., 128f.
Strack, Günther 142
Stroheim, Erich von 76
Sturges, Preston 79, 89, 105
Sullivan, E. J. 18
Swanson, Gloria 21

Taylor, John Russel 10, 15, 49
Taylor, Rod 134
Taylor, Samuel 18, 122, 130
Thalberg, Irving 68, 76
Tomasini, George 105
Trauberg, Leonid 65
Truffaut, François 10f., 14, 16, 23, 25, 29, 31, 59, 61, 71, 78, 95, 103f., 106, 109, 113, 122, 129, 140ff., 145, 150f.

Utrillo, Maurice 97

Valentino, Rudolph 21
Valli, Alida 88
Vlaminck, Maurice de 97

Walker, Robert 99
Wanger, Walter 71, 73, 89
Warren, John F. 143
Wassermann, Lew R. 104, 133
Welles, Orson 9, 75, 89, 140
Wenders, Wim 146
West, Mae 105, 128
Whelan, John 10
Whitlock, Albert 135f.
Wilder, Billy 105, 139
Wilder, Thornton 78
Wilding, Michael 94
Wood, Robin 139
Woolrich, Cornell 65
Wright, Teresa 78
Wyler, William 89
Wyman, Jane 43, 96

Young, Robert 58f.

Žižek, Slavoj 35, 79, 113, 142
Zukor, Adolphe 21, 105

<u>dtv</u> portrait

Herausgegeben von Martin Sulzer-Reichel
Originalausgaben

**Biographien bedeutender Frauen und Männer aus
Geschichte, Literatur, Philosophie, Kunst und Musik**

Hildegard von Bingen
Von Michaela Diers
dtv 31008

Otto von Bismarck
Von Theo Schwarzmüller
dtv 31000

Die Geschwister Brontë
Von Sally Schreiber
dtv 31012

Georg Büchner
Von Jürgen Seidel
dtv 31001

Annette von Droste-Hülshoff
Von Winfried Freund
dtv 31002

Elisabeth von Österreich
Von Martha Schad
dtv 31006

Theodor Fontane
Von Cord Beintmann
dtv 31003

Sigmund Freud
Von Peter Schneider
dtv 31021

Johann Wolfgang von Goethe
Von Anja Höfer
dtv 31015

Immanuel Kant
Von Wolfgang Schlüter
dtv 31014 (i. Vb.)

Erich Kästner
Von Isa Schikorsky
dtv 31011

Heinrich von Kleist
Von Peter Staengle
dtv 31009

Gotthold Ephraim Lessing
Von Gisbert Ter-Nedden
dtv 31004

Stéphane Mallarmé
Von Hans Therre
dtv 31007

Edgar Allan Poe
Von Frank Zumbach
dtv 31017

Rainer Maria Rilke
Von Stefan Schank
dtv 31005

John Steinbeck
Von Annette Pehnt
dtv 31010

Johan August Strindberg
Von Rüdiger Bernhardt
dtv 31013